U0506848

我国制造企业竞争战略对企业绩效的影响机制研究

郑兵云　著

中国财经出版传媒集团

经济科学出版社
Economic Science Press

图书在版编目（CIP）数据

我国制造企业竞争战略对企业绩效的影响机制研究/
郑兵云著 . —北京：经济科学出版社，2017.6
ISBN 978 - 7 - 5141 - 8234 - 7

Ⅰ . ①我…　Ⅱ . ①郑…　Ⅲ . ①制造工业 - 企业竞争 -
竞争战略 - 研究 - 中国②制造工业 - 企业绩效 - 研究 -
中国　Ⅳ . ①F426.4

中国版本图书馆 CIP 数据核字（2017）第 156451 号

责任编辑：黄双蓉
责任校对：王苗苗
责任印制：邱　天

我国制造企业竞争战略对企业绩效的影响机制研究
郑兵云　著
经济科学出版社出版、发行　新华书店经销
社址：北京市海淀区阜成路甲 28 号　邮编：100142
总编部电话：010 - 88191217　发行部电话：010 - 88191522
网址：www. esp. com. cn
电子邮件：esp@ esp. com. cn
天猫网店：经济科学出版社旗舰店
网址：http://jjkxcbs. tmall. com
固安华明印业有限公司印装
787 × 1092　16 开　10.5 印张　200000 字
2017 年 6 月第 1 版　2017 年 6 月第 1 次印刷
ISBN 978 - 7 - 5141 - 8234 - 7　定价：39.00 元
（图书出现印装问题，本社负责调换。电话：010 - 88191510）
（版权所有　侵权必究　举报电话：010 - 88191586
电子邮箱：dbts@ esp. com. cn）

前　言

　　基本竞争战略对企业绩效的影响一直是战略管理领域的重要问题，目前的相关研究主要集中在竞争战略能否提高企业绩效以及不同竞争战略的绩效比较，部分学者考虑了环境的调节作用，而深入讨论竞争战略影响企业绩效机制的研究比较少。本书从直接效应、中介效应和调节效应三个方面系统地研究了竞争战略对企业绩效的影响机制。

　　在相关文献分析的基础上，本书试探性地引入企业的创新行为，从理论上分析创新对竞争战略与企业绩效关系的中介效应，并进一步将企业创新划分为渐进创新和突破创新，具体分析低成本战略和差异化战略影响企业绩效的中间转换途径。同时，本书还考察了环境特征对竞争战略与企业绩效关系的调节效应。不同于以往学者采用单维度概念研究环境的不确定性对竞争战略与企业绩效关系的调节作用，本书分别考察环境的动态性、复杂性和宽松性三个维度对竞争战略与企业绩效关系的调节作用。这也是本书的两个创新点。由此，提出企业竞争战略影响企业绩效的研究假设和概念模型。

　　为验证研究假设和概念模型，本研究以制造企业为对象进行问卷发放与回收，最终回收有效问卷 239 份。通过对问卷数据进行描述性统计分析、信度和效度检验、相关分析、结构方程分析及多元回归分析，本研究逐一验证了相关研究假设，研究结果支持了大部分研究假设。基于全书的分析论证，最终形成了四个主要的研究结论：

（1）低成本战略和差异化战略都对企业绩效有直接影响。因此，企业在激烈的竞争中必须根据内部资源和外部环境制定和实施明确的竞争战略，"企业必须至少制定一种明确的竞争战略"。

（2）低成本战略和差异化战略都有利于企业的创新，但不同的竞争战略其创新行为不同，低成本战略重视进行渐进创新，而差异化战略同时进行突破创新和渐进创新。

（3）企业的创新对竞争战略与企业绩效关系起到部分中介作用。具体而言，低成本战略有利于企业的渐进创新，渐进创新可以提供企业绩效，渐进创新部分中介了竞争战略与企业绩效的关系；差异化战略有利于企业的突破创新和渐进创新，突破创新和渐进创新都可以提高企业绩效，突破创新和渐进创新在差异化战略与企业绩效关系中起到部分中介作用。

（4）环境的动态性、复杂性、宽松性对低成本战略与企业绩效关系的调节作用都不显著，实施低成本战略的企业，其绩效表现更取决于企业的战略执行情况及创新等内部组织行为。对实施差异化战略的企业而言，环境的动态性越高，差异化战略对企业绩效的正向影响越强烈；环境的复杂性越高，差异化战略对企业绩效的正向影响越减弱；环境的宽松性越高，差异化战略对企业绩效的正向影响越强烈。

最后，本书对研究结果进行了进一步的分析与讨论，并探讨了其在企业实践中的管理启示，为企业竞争战略决策提供参考。

目　录
CONTENTS

图 表 目 录

第 1 章

绪　　论

1.1　研　究　意　义

1.1.1　研究背景及实践意义

经济全球化背景下，国际制造业全球转移加快，在新的国际分工中，我国基于本国优势吸引了大量制造业转移，逐渐成为一个重要的世界制造中心。但近年来，我国产业环境正在发生重大变化，制造企业成本优势受到严峻挑战，我国制造企业的成本呈现不断提高的历史性趋势，制造企业集中的沿海发达地区劳动力成本、土地、原材料和能源价格迅速攀升，我国外向型制造企业赖以生存的低成本条件正在不断削弱。

在新的国际国内形势下，我国制造企业采用何种战略参与国际竞争，国内学术界和企业界存在争论。一种观点认为中国制造企业将会失去成本优势，应该转向差异化竞争战略；而另一种观点认为我国大部分企业还缺乏支撑差异化优势的职能条件以及国际分工的影响，仍然依靠低成本战略参与国际竞争[1]。

从企业的角度看，选择低成本战略还是差异化战略，其判断依据是在企业拥有的既定资源和内外部环境下，该竞争战略是否能提高企业绩效，从而提升其竞争能力。在中国经济转型和全球化背景下，中国制造企业的低成本战略和差异化战略如何影响企业绩效？进一步，这种影响的机制是什么？这些问题的解答有助于我国制造企业的竞争战略决策，并产生更良好的经营效果。

1.1.2 理论意义

经济全球化、环境动态化使得企业间的竞争更加激烈和复杂，企业欲在竞争中占据有利地位、获取持续的竞争优势，必须制定明确的竞争战略。理解和控制绩效是战略管理领域区别于其他组织科学的主要方式（Ketchen, D. J et al., 1996)[2]。因此，战略管理学者一直致力于探索企业在战略行动和绩效上存在差异的原因，对竞争优势本源的探寻始终是战略管理的基本问题。

波特（Porter，1980）提出了三种基本竞争战略：低成本（亦称成本领先）、差异化和集中战略[3]，并认为采取三种基本战略中的任何一种都可以给企业带来竞争优势，但波特并没有明确哪一种战略最优，因此很多学者开始对竞争战略与企业绩效的关系进行实证分析，比较研究不同竞争战略的绩效。本研究回顾了在国际重要期刊发表的60多篇关于竞争战略对组织绩效的影响的文献后认为，企业实施哪种基本竞争战略能获得更好的绩效，仍然存在很大的争议，有的学者甚至怀疑竞争战略是否对绩效有正向影响（Campbell Hunt, 2000；Amoako Gyampah & Acquaah，2007)[4][5]。由于研究者选取的行业和方法不同，竞争战略与企业绩效关系的研究结论并不一致，但这并不是主要的原因。如果结论的差异是由方法造成的，就没必要称之为争论了，因为研究没有对比的基础，根本不在同一层面上探讨问题。从研究的一般常识看，结论波动的最可能解释是，存在其他干扰因素影响基本竞争战略与企业绩效的关系。以往的研究是从两者简单的直接关系视角分析的，这种宽泛的研究结论对企业管理实践而言，其指导价值还很有限。即使一个行业中，实施低成本战略的企业绩效总体而言比实施差异化战略的企业绩效好，并不意味着该行业所有的企业都应该实施低成本战略。企业外部环境和内部资源的特征不同，竞争战略对绩效的影响也可能不同。因此，需要突破现有直接视角的研究框架局限，进一步考察一些新的问题。

第一，竞争战略是如何影响企业绩效的，是直接作用的还是通过中间变量的传导过程实现的？中介变量是什么？

中介变量在战略管理问题分析中得到越来越广泛的应用，但就目前作者搜索的文献看，很少有将中介变量应用于竞争战略影响企业绩效的研究。中介变量的加入，能进一步更清晰有效地反映从竞争战略到绩效增长的转化途径，挖掘"黑箱"内部的作用机理。本书认为一个重要的变量是创新。大量研究表明，企业的创新活动是提高组织绩效的一个重要途径。同时，每种基本竞争战略都重视创新（薛红志，2005；孙玉凤等，2007）[6][7]。那么，创新是否中介了竞争战略对企业绩效的影响？而且，创新活动有不同的类型，不同的竞争战略在创新选择上是否不同？这些问题都是值得进一步研究的方向。

第二，环境对竞争战略与企业绩效关系的调节作用。对几种基本竞争战略进行比较并不是为了说明哪种战略更好，而是为了分析企业在某种环境下实施哪种竞争战略更好。企业为了获得好的绩效，其竞争战略的制定需要与企业所处的环境相匹配，环境作为调节变量界定着竞争战略和绩效之间关系的边界条件，在我国转型经济条件下如何影响着竞争战略和企业绩效之间关系？对环境调节作用的研究，一些学者采用单维度概念研究环境的不确定性对竞争战略与企业绩效关系的调节作用。然而，环境不确定性具有多个维度，不同的环境维度对竞争战略绩效关系的调节效应是不同的，需要区别对待。戴斯和比尔德（Dess & Beard，1984）规范了环境特征的三个维度：动态性、复杂性和宽松性，那么，环境的三个维度又分别怎样调节竞争战略与企业绩效的关系？这些问题需要在中国转型经济背景下进行讨论和验证。

从理论意义上看，本书的研究突破了以往相关研究的简单直接关系视角，在研究系统中添加了中介变量和调节变量，使研究系统更加科学准确地描述了竞争战略对企业绩效的影响机制，研究结论也更加可信，将丰富和深化竞争战略对企业绩效影响的研究。

1.2 研 究 目 的

国外关于竞争战略对企业绩效的影响的研究已取得丰富的成果，并有了较为广泛的应用。而国内直接研究这个问题的文献很少，我国正处于经济转型期，国外的研究结论显然不能适合我国的情形。本书在前人的研究基础上，结合全球化背景和中国制造企业实情，从理论和实证角度探讨两种基本竞争战略

（低成本战略和差异化战略）对企业绩效的影响机制，重点探讨这个影响关系中企业创新行为的中介作用和环境特征的调节作用。相关研究结论希望可以为我国制造企业科学制定竞争战略及战略执行提供决策参考。

1.3　研究内容与章节安排

根据本书的研究目的，全书共分 6 章进行展开（见图 1 - 1），研究内容如下：

第 1 章　绪论。

本章主要阐述本书的研究意义，包括现实意义和理论意义；提出本书的研究目的；对研究方法和研究技术路线加以阐述；并说明本书的研究内容与章节安排；指出本书的主要创新点。

第 2 章　核心概念与文献综述。

本章将对本书的理论基础与相关研究进行详细梳理，厘清本研究对现有研究的继承、完善与拓展的关系。本章首先对基本竞争战略的分类研究进行了回顾，并界定本研究的竞争战略分类范式；同时，对本研究涉及的企业绩效、创新选择和环境特征等相关概念进行详细梳理；在此基础上，对竞争战略与企业绩效的关系的文献研究进行了述评，本章将为分析竞争战略对企业绩效的影响机制奠定理论基础。

第 3 章　理论模型构建。

本章将在上述文献研究成果的基础上，立足于企业创新的视角，比较探讨两种不同竞争战略是如何影响企业创新行为的，企业的创新行为又是如何影响企业绩效的，深入研究竞争战略对企业绩效的影响机制。同时，在这一影响过程中，本章引入环境特征这一变量，考察环境特征对上述关系的调节作用。然后，根据理论分析提出具体的研究假设，得到细化后的研究模型。

第 4 章　实证研究。

根据本书第 3 章所提出的企业竞争战略对企业绩效的影响机制理论模型及研究假设，本章采用选取国内外文献已开发出来的量表，再根据本书的研究目的加以修改的方法，来设计调查问卷的测量指标和题项，并选取一定数量的调查样木，进行样本数据的收集。经过问卷设计和数据收集，共回收有效问卷

239 份。通过对这 239 份有效问卷进行描述性统计分析、信度和效度检验、结构方程分析和多元回归分析，本研究对第 3 章提出的企业竞争战略对企业绩效的影响机制理论模型及研究假设进行验证与分析。

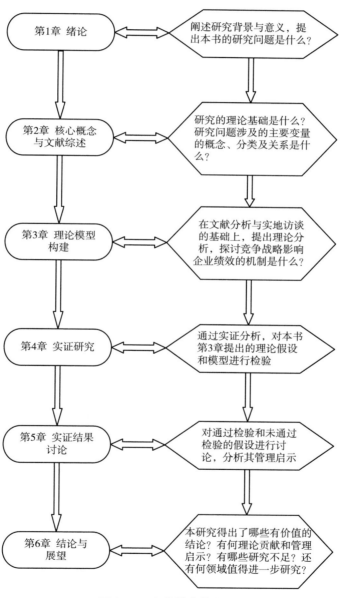

图 1 - 1　本书的章节安排

第 5 章 实证结果讨论。

本书第 4 章的实证结果表明 17 个假设中有 10 个假设获得显著性支持；5 个假设尽管与预期符号一致但因不显著而被拒绝；2 个假设与预期符号相反，但具有显著性。本章重点对这些假设的结果和意义进行讨论。通过验证的假设能够揭示要素之间的作用关系，本书将分析通过验证的假设带给我们的启示。对于未通过验证的假设，将结合我国制造企业的环境，揭示其未获得支持的原因，由此反映我国制造企业发展实践中所存在的特殊问题。

第 6 章 结论与展望。

本章阐述和总结本书主要的研究结论、理论贡献以及对管理者的启示；同时，指出了本研究可能存在的局限与不足，并提出了需要进一步研究的方向。

1.4 研 究 方 法

本研究采用定性分析和定量研究相结合方法，依据研究目标，在文献阅读分析的基础上提出研究的理论逻辑框架，然后进行实证研究。根据研究内容和特征适当选用各种定量研究方法。

1.4.1 文献分析法

为探索两种竞争战略对企业绩效的影响机制，需要首先对该领域的相关研究进行详细梳理，厘清研究的脉络，把握最新的研究进展，在此基础上才可能找出研究的不足，据此提出本书所要研究的问题。

在研究的整个过程中，为尽可能全面地掌握该领域的相关研究的最新进展，笔者对国内外几个主要的网络数据库进行了长时间的跟踪检索，包括国内的中国学术期刊全文数据库（CNKI）、维普全文期刊，以及国外的 EBSCO 数据库、Elsevier Science Direet Onsite（SDOS）、PQDD 博士论文全文数据库等。并对该领域的几个权威期刊进行了持续的跟踪，包括 *Academy of Management Journal*、*Academy of Management Review*、*Strategie Management Journal*、*Harvard Business Review*、*Management Science*、*Journal of Marketing*、*Organization Science*、

管理世界、中国工业经济等。

通过数据库检索和期刊跟踪，笔者查阅了大量有关竞争战略理论的文献，整理了有关两种基本竞争战略、企业创新、企业绩效、环境特征以及它们之间关系的文献，在详细梳理这些文献的基础上，初步形成了研究构思，通过与导师、团队内专家、同学以及其他学者沟通交流，最终确定了本书的研究框架。

1.4.2 调查研究

通过专家调查和企业管理层领导采访，提炼低成本战略和差异化战略的基本驱动因素集。结合已有的研究文献，对本研究概念模型进行量化，设计问卷调查表。在人力、财力合理范围内，确定调研样本，进行实践调研，从而获取所需的数据资料。问卷调查经过文献整理形成初始测度题项、与学术界专家讨论修改测度题项、与企业界专家进一步讨论修改测度题项、通过预测试对测度题项进行纯化以最终确定问卷题项四个阶段的工作，最终形成了本研究的发放问卷。

1.4.3 实证研究

根据本书的内容安排，采用适当的数量分析方法进行实证研究。具体方法有：

1. 描述性统计分析

描述性统计主要对样本的基本资料，包括企业性质、行业、规模及被调查者职位等进行统计分析，说明各变量的均值、百分比、频度等，以描述样本的类别、特性以及分配比率。

2. 因子分析：信度和效度检验

信度和效度检验测量变量的测度题项是否具有可信度，能否将变量的测量题项合并为一个因子进行下一步分析。本书采用因子分析对所有测量变量进行信度和效度检验，结果表明所有测量变量的测度题项都能很好地反映测量变量。

3. 结构方程建模（SEM）

结构方程模型是应用线性方程系统表示观测变量与潜变量之间，以及潜变量之间关系的一种统计方法，本书采用结构方程模型分析低成本战略、差异化战略、渐进创新、突破创新及企业绩效之间的复杂关系，对多层路径分析中变量之间的直接、间接的相互关系是否合理进行了验证。

4. 多元回归方程分析

多元线性回归分析可以用来研究一个被解释变量（因变量）与多个解释变量（自变量）的线性统计关系（马庆国，2002）。本书分析环境的三个维度（动态性、复杂性和宽松性）对竞争战略与企业绩效关系的调节效应时，采用多元线性回归分析。

1.5　技　术　路　线

本研究的技术路线如图 1 – 2 所示。首先以中国制造企业的现实背景和相关理论为基础，参阅大量文献，以此了解和熟悉国内外有关竞争战略、企业绩效、环境特征、创新选择等方面的最新研究成果。在此基础上，结合专家调查、相关案例研究，提出了企业竞争战略对绩效影响关系的概念模型和理论假设；对概念模型进行量化，形成问卷初稿；确定试调查样本，根据试调查结果对模型和问卷进行修正，形成问卷最终稿；确定正式调查样本，收集大样本数据及问卷调查；进行数据整理并对理论模型进行实证分析；对假设验证结果进行讨论，最终得出研究结论。

技术路线图沿着"提出问题→文献分析与理论模型假设→设计问卷、搜集数据→实证分析→结论建议"的思路进行，逻辑清晰，研究中所需数据可以获得，技术路线具有可行性。

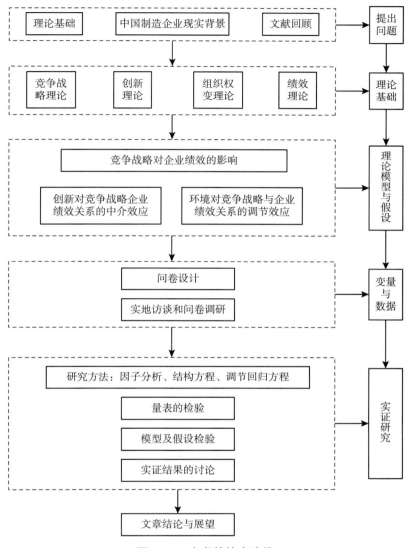

图 1-2　本书的技术路线

1.6　本书的创新点

（1）在研究视角上，突破竞争战略对企业绩效影响研究的直接视角，系统考虑两种竞争战略对企业绩效的直接效应、基于中介变量的间接效应和环境的调节效应，提出一个整合模型，这样，在研究方法上更加系统科学，研究结论更加准确可信。

（2）在已有文献研究成果的基础上，探索性地将企业的创新作为竞争战略影响企业绩效的中介变量，并加以实证检验。结果表明：企业的创新在竞争战略与企业绩效关系中起显著的中介作用。

从笔者目前搜集的资料看，讨论波特的两种竞争战略影响企业绩效的中介变量问题的文献较少，阿莫亚科·吉亚姆帕和阿库瓦（Amoako – Gyampah & Acquaah，2007）实证研究发现质量制造战略中介了竞争战略对企业绩效的影响；郑兵云（2011）[8]从理论上分析动态能力对竞争战略与企业绩效关系发生了中介效应，目前该领域的研究还很不成熟。本研究引入企业的创新行为，探索性分析竞争战略对企业绩效影响的中介效应，并进一步将创新划分为渐进创新和突破创新，从理论和实证两方面分析两种基本竞争战略是如何进行创新选择的，不同的创新选择如何影响企业绩效的，以及在这个过程中渐进创新和突破创新是否起中介效应。

同时，渐进创新作为低成本战略与企业绩效关系的中介变量，在竞争战略理论上突破了低成本战略注重效率而非创新的传统观念。

（3）关于环境的研究，一些学者采用单维度概念研究环境的不确定性对竞争战略与企业绩效关系的调节作用。然而，环境不确定性具有多个维度，不同的环境维度对竞争战略绩效关系的调节效应可能是不同的，需要区别对待。本研究分别考察环境的动态性、复杂性和宽松性三个维度对竞争战略与企业绩效关系的调节作用。而实证检验表明，环境的不同维度对竞争战略绩效关系的调节效应确实不同。

第 2 章

核心概念与文献综述

围绕第 1 章提出的研究问题，本章将对本书的理论基础与相关研究进行详细梳理，厘清本书对现有研究的继承、完善与拓展的关系。本章首先对基本竞争战略的分类研究进行了回顾，并界定本研究的竞争战略分类范式；同时，对本研究涉及的企业绩效、创新选择和环境特征等相关概念进行详细的梳理；在此基础上，对竞争战略与企业绩效的关系的文献研究进行了述评，本章将为分析竞争战略对企业绩效的影响机制奠定理论基础。

2.1 战略及竞争战略的概念

"战略"一词原为军事用语，指作战谋略。《辞海》中对战略的定义是："军事名词，对战争全局的筹划和指挥，它依据敌对双方的军事、政治、经济、地理等因素照顾战争全局的各方面，规定军事力量的准备和运用。"《中国大百科全书·军事卷》诠释战略一词："战略是指导战争全局的方略。即战争指导者为达成战争的政治目的，依据战争规律所制定和采取的准备和实施战争的方针、政策和方法。"

随着人类社会实践的发展，"战略"一词已经被广泛应用到企业经营管理领域，并赋予新的含义。战略要解决的是根本性、全局性和长远性的问题。钱德勒（Chandler）在其《战略与结构》一书中认为，战略是企业为了实现战略目标进行竞争而进行的重要决策、采取的途径和行动以及为实现目标对企业主要资源分配的一种模式[9]。这种定义将战略体现为一系列的行为。安索夫

（Ansoff）则认为，企业战略是一种决策，一种关于企业经营性质的决策[10]。奎因（Quinn）认为，战略将一个企业的主要目标、政策与活动按照一定的顺序结合成为一个紧密的整体[11]。企业战略的本质在于在经营行动之前，根据企业内部条件和外部环境及其变化趋势，有意识地决定企业的目的与目标、方针与政策、活动或项目。战略作为一种统一、综合、一体化的计划，提供企业在各种情况下的备选方案。大型组织里每一个有职权的管理层次都应有自己的战略。分战略必须在一定程度上或多或少地实现自我完善，并与其他的分战略相互沟通相互支持。

明茨伯格（Mintzberg）认为：战略是一种计划，是一种有意识的、有预计的行动，一种处理某种局势的方针；战略是一种计策，在特定的环境下，企业把它作为威慑和战胜竞争对手的手段；战略是一种模式，反映企业的一系列行动，无论企业是否事先对战略有所考虑，只要有具体的经营行为就有战略；战略是一种定位，是一个组织在自身环境中所处的位置，使企业的内部条件与外部环境更加融洽，把企业的重要资源集中到相应的地方，形成一个产品和市场的生长圈；战略是一种观念，体现组织中人们对客观世界固有的认识方式，通过组织成员的期望和行为形成共享[12]。

无论从哪种角度来看，战略是企业全部经营活动中最核心的内容。从明茨柏格的归纳中可以看出，战略是计划、计策、模式、定位、观念。当然这些表述是抽象的。其实战略表现为两个方面，一是指导思想，二是实现途径，如果具备这两者就可以认为存在战略[13]。

企业战略一般分为三个层次：总体战略、竞争战略（或称业务层战略）和职能层战略。总体战略是企业最高管理层为整个企业确定的长期目标和发展方向，它的主要任务是决定企业所涉及的业务范围种类，合理安排各类业务活动在企业业务总量中的比重和作用；竞争战略是确定业务的具体竞争方式和资源利用重点，它决定本业务发展的方向和远景规划，决定本业务的覆盖范围、业务的核心活动方面、基本竞争种类等；职能层战略是按照总体战略或竞争战略对职能活动发展方向进行的策划和管理，相对于总体战略和竞争战略，它的内容要详细具体得多，职能层战略主要包括采购战略、制造战略、服务战略、财务战略、人力资源战略等。

1980 年，波特在其著作《竞争战略》一书中把竞争战略描述为：采取进攻性或防守性行动，在产业中建立起进退有据的地位，成功地对付五种竞争作用力，从而为公司赢得超常的投资收益。竞争战略的中心问题是企业在其产业中的相对地位。通用的战略思想的基本观念是，竞争优势是一切战略的核心，公司竞争优势是国际竞争力的微观基础，是企业在向顾客提供有价值的商品或劳务时的独特并持久的属性。这种属性可来自产品和劳务本身，也可来自生产方法等，要长期维持高于平均水平的经济效益，其根本基础就要有持久的竞争战略。波特的竞争战略理论认为企业要通过产业结构的分析来选择有吸引力的产业，然后通过寻找价值链上的有利环节，利用成本领先或性能差异来取得竞争优势。波特为此还提出了三种基本战略：成本领先战略、差异化战略、目标集聚战略。

1990 年，普拉哈拉德和哈默尔（Prahalad & Hamel）在《哈佛商业评论》上发表了划时代的论文《公司的核心竞争力》，从企业内部分析企业的竞争战略是基于核心能力的不断获取竞争优势的过程[14]。核心竞争力理论倡导的企业战略中核心竞争力的识别、培育、扩散与应用，是企业核心竞争力管理的关键环节。对于核心竞争力的鉴别，他们认为它必须提供占领广阔多数市场的能力，它能够使购买产品的顾客明显受益，它必须是竞争对手无法模仿的。核心竞争力理论的拥护者们还认为核心竞争力应具有稀缺性、专用性、方法性特征。即作为资源要具有稀缺性特征，作为资产要具有专用性特征，作为知识要具有方法性特征。在核心竞争力的培养上，可以通过长期的学习、积累形成，也可以通过兼并其他企业来获取。从长期来看，内部积累可能是获得难以模仿或难以替代的资产的最主要来源等。在核心竞争力的应用上，核心竞争力理论认为，盲目注重行业的吸引力会导致过多的企业进入。

英国戴夫·弗朗西斯（Dave Francis）在《竞争战略进阶》中则写道，制胜的竞争战略是一个优势组合，即企业能够以持续盈利的成本，吸引足够的顾客选择你而不是你的对手的产品或服务，所有企业都在努力争取这个"优势组合"——技术上叫"价值"，而价值通常是由顾客（或称之为"市场细分"的顾客群体）确定的[15]。竞争战略要求企业保证三个方面同时运转：提供超级价值、赢得足够的顾客、有效管理成本。

我国的战略管理学者对企业的竞争战略也做了深入的研究。浙江大学的李庆华、项保华等认为企业的竞争是基于顾客需求的竞争，即通过提供更低的认知价格和更高的认知价值获取竞争优势的过程[16]；周三多教授在《战略管理思想史》一书中则提出：企业竞争战略，主要是指企业产品或服务参与市场竞争的方向、目标、方针及策略，竞争战略的选择是参与竞争的基础，也是竞争成败与否的关键[17]；徐二明教授认为竞争战略属于企业经营单位战略的范畴，是指企业正确地分析和界定本企业在竞争中的地位后所形成的战略，他在《企业战略管理》一书中提出，基本竞争战略是指无论在什么行业或什么企业都可以采用的竞争性战略；彭绍仲在《企业竞争论》中认为，竞争战略是指企业谋求和保持竞争优势的整套作战方案[18]。

在许多有关竞争战略的书籍中，我们还可以看到其他有关竞争战略的各种描述：如杨锡怀认为竞争战略所涉及的问题是在给定的一个业务或行业内，经营单位如何竞争取胜的问题，即在什么基础上取得竞争优势[19]；西南财经大学罗珉教授认为，竞争战略又称经营战略或商业战略，其中心内容是寻找在某一特定产业或市场中建立竞争优势，而所谓的竞争优势，不外是指企业具有某种其竞争对手所没有或相对缺乏的特殊能力，以便能更有效、更经济、更快捷地为顾客提供所需的产品或服务，等等[20]。

综合前人研究的结果以及对企业竞争的理解，本书把竞争战略理解为：企业经营单位在某一特定产业或市场中为了获得或保持竞争优势而采取的整体性行动，这种整体性行动是在公司战略的指导下，围绕着"以更有效的方式为顾客提供最优越的价值"而采取的系列活动。

2.2 基本竞争战略的分类

2.2.1 波特竞争战略分类

竞争战略类型的分类是企业更好地厘清企业的竞争战略导向并进行选择的关键，同时为实证研究提供理论基础。在目前的分类框架中，波特（1980）基本竞争战略模型被认为是业务层战略中最完整、最成熟的代表，是很适合于经验研究的划分（Dess，Newport & Rasheed，1993）[21]。

1980 年初，美国著名战略管理学家波特教授通过对美国、欧洲和日本制造业的实践提出了自己的竞争战略理论学说。他在其著作《竞争战略》一书中把竞争战略描述为：采取进攻性或防守性行动，在产业中建立起进退有据的地位，成功地对付五种竞争作用力，从而为公司赢得超常的投资收益。他的竞争战略理论认为企业要通过产业结构的分析来选择有吸引力的产业，然后通过寻找价值链上的有利环节，利用成本领先或性能差异来取得竞争优势。在这种指导思想下，波特提出了赢得竞争优势的三种最一般的基本战略：成本领先战略、差异化战略、目标集聚战略。

低成本战略亦称成本领先战略，是指企业通过有效途径降低成本，使企业的全部成本低于竞争对手的成本，甚至是在同行业中最低的成本，从而获取竞争优势的一种战略。低成本要求积极地建立起达到有效规模的生产设施，在经验基础上全力以赴降低成本，抓紧成本与管理费用的控制，以及最大限度地减少研究开发、服务、推销、广告等方面的成本费用（波特，1980），从而建立起竞争优势。为了达到这些目标，有必要在管理方面对成本控制给予高度重视，尽管质量、服务以及其他方面也不容忽视，但贯穿于整个战略中的主题是使成本低于竞争对手。

差异化战略亦称标歧立异战略，是指为使企业产品与竞争对手产品有明显的区别，形成与众不同的特点而采取的一种战略，这种战略的核心是取得某种对顾客有价值的独特性。实现差异化战略可以有许多方式：设计或品牌形象（Fieldcrest 在毛巾被和床单产业的名声最响；Mercedes Benz 在汽车业中声誉卓著）、技术特点（Hyster 在起重卡车业中；Maclntosh 在立体声元器件业中；Coleman 在野营设备业中）、外观特点（Jenn Air 在电器领域中）、客户服务（Crow Cork 及 Seal 在金属罐产业中）、经销网络（caterpilla，Tractor 在建筑设备业中）及其他方面的独特性。最理想的情况是公司使自己在几个方面都标歧立异。应当强调，差异化战略并不意味着公司可以忽略成本，但此时成本不是公司的首要战略目标（波特，1980）。

目标集聚战略是将差异化和低成本战略运用到某一个特定目标市场的结果，主攻某个特定的顾客群、某产品链的一个细分或某一个地区市场。虽然低成本与产品歧异都是要在全产业范围内实现其目标，集聚战略的整体却是围绕着很好地为某一特定目标服务这一中心建立的，它所制定的每一项职能性方针都要考虑这一目标。这一战略的前提是：公司能够以更高的效率、更好的效果为某一狭窄的战略对象服务，从而超过在更广阔范围内的竞争对手。结果是，公司或者通过较好满足特定对象的需要实现了标歧立异，或者在为这一对象服务时实现了低成本，或者二者兼得。尽管从在整个市场的角度看，集中战略未能取得低成本或歧异优势，但它的确在其狭窄的市场目标中获得了一种或两种优势地位（波特，1980）。

成功地实施它们需要不同的资源和技能，基本战略也意味着在组织安排、控制程序和创新体制上的差异。其结果是，保持采用其中一种战略作为首要目标对赢得成功通常是十分必要的。三种基本战略在这些方面的通常含义如表 2－1 所示。

表 2－1　　波特竞争战略的功能活动要求、基本技能与资源要求及组织要求

基本战略	功能活动的要求	技能和资源的要求	基本组织的要求
低成本战略	● 建立达到有效规模的设备 ● 从经验中追求成本降低 ● 使各种功能活动（如 R&D、服务、销售等）成本最低 ● 取得高市场占有率 ● 获得重要的原物料 ● 设计容易制造的产品 ● 维持广的相关产品线	● 持续的资本投资和良好的融资能力 ● 工艺加工技能 ● 对工人严格监督 ● 所设计的产品易于制造 ● 低成本的分销系统	● 结构分明的组织和责任 ● 以满严格的定量目标为基础的激励 ● 严格的成本控制 ● 经常、详细的控制报告
差异化战略	● 设计或品牌形象 ● 技术 ● 产品内容特征 ● 顾客服务 ● 配销渠道 ● 其他能差异化的途径	● 强大的生产营销能力 ● 产品加工 ● 对创造性的鉴别能力 ● 很强的基础研究能力 ● 在质量或技术上领先的公司声誉 ● 在产业中有悠久的传统或具有从其他业务中得到的独特技能组合 ● 得到销售渠道的高度合作	● 在研究与开发、产品开发和市场营销部门之间的密切协作 ● 重视主观评价和激励，而不是定量指标 ● 有轻松愉快的气氛，以吸引高技能工人、科学家和创造性人才
目标集聚战略	● 集中于特定需求的顾客群、产品线、地区市场 ● 所有功能政策均以服务特定目标市场而设计，包括集中差异化或集中低成本	● 针对具体战略目标，由上述各项组合构成	● 针对具体战略目标，由上述各项组合构成

资料来源：根据波特著，陈小悦译：《竞争战略》，华夏出版社 2007 年版整理。

各基本战略也许还需要有不同的领导风格，并可以体现为不同的公司文化和公司氛围，从而吸引不同类型的人才。

2.2.2　米勒和斯诺竞争战略分类

除波特（1980）之外还存在其他分类范式，其中，最典型的是米勒和斯诺（Miles & Snow，1978）[22] 的分类框架，米勒和斯诺（1978）区分了四种战略类型，即防御者、探索者、分析者和被动反应者。

防御者寻求稳定性，试图定位于相对稳定的产品或服务领域并维持一个安全的市场，比竞争对手提供更为有限的产品或服务，同时努力通过提供高质量、优质的服务以及低价格来保护其市场领域；探索者关注灵活性，一般在比较广泛的产品—市场领域中运作，并且会经常重新定义自己的产品—市场领域。企业非常重视率先开发新产品或进入新市场，会对机会信号作出快速反应，并且这种反应通常会导致新一轮的竞争；分析者既强调稳定性也强调灵活性，试图维持稳定、有限的产品或服务，同时快速开发产业内新出现的发展机遇，很少率先研发新产品和服务，但通过仔细监测主要竞争对手的行动，能够快速地以有效降低成本的产品或服务跟进；而被动反应者在战略选择上缺乏一致性，一般没有一致的产品—市场定位，既不像竞争对手那样积极维护现有产品和市场的地位，也不愿承担风险，而是根据环境压力被迫作出反应。米勒和斯诺竞争战略及其特征如表 2-2 所示。

表 2-2　　　　　　　　　　米勒和斯诺竞争战略及其特征

防御者战略（defenders）	采取此战略的组织只专注于单一、有限的产品或市场，采取保守的成本控制、提高专业领域效能以防御其市场地位，较少从事新产品的发展、新市场的开拓。
前瞻者战略（prospectors）	此型战略的组织积极进行新产品、市场开发，也就是随时寻找新市场机会与新产品发展，不断开拓较宽广的市场范围，而成为同业中新产品进入市场或新技术开发的先锋。
分析者战略（analyzers）	采取此战略的组织其产品一方面在稳定市场，一方面在变动的市场，因此，结合上述二者战略，以确保核心市场为目的，并同时经过产品发展来寻求新市场定位。
被动反应者战略（reactor）	采取此战略之组织面对环境改变时，很难迅速适应或改变，无一定的战略可言，是一种毫无竞争优势的战略类型。

2.2.3　竞争战略的其他分类

明茨伯格（1988）[23]认为成本领先战略是一种特殊的差异化形式，即价格差异化。波特（1980）的差异化战略可以分解为市场形象差异化、产品设计差异化、质量差异化、支撑差异化和无差异化五种情况，它们分别强调广告、R&D与产品开发、可靠性与性能、系列产品和模仿的作用。因此，明茨伯格（1988）将竞争战略划分为六种差异化战略，并对照波特的三种基本竞争战略，认为更具有实质意义。

明茨伯格（1988）的价格差异化战略是差异化产品或服务的最基本的方法，即低价格战略，此战略也就是波特的成本领先战略，因为低成本本身并不会产生竞争优势，除非能够导致低于竞争者的价格才能产生竞争优势，因此，以价格差异化表示成本领先战略。形象差异化战略是营销差异化的战略，利用价格以外的营销活动吸引顾客的注意，创造顾客的产品形象。支援差异化战略不是核心产品本身的差异化，而是沿着核心产品相关的服务而产生的差异化。品质差异化战略是指产品的长期使用的可信度和效果，强调质量。设计差异化战略主要强调产品独特内容的设计，必须由产品研发部门深入研究设计、处理可以展现产品的独特内容，也应该考虑到生产制造的便利性。无差异化战略是指企业没有能力提供独特的产品或服务及相关活动，采取追随或模仿的行动。从明茨伯格（1988）六种差异化战略的内容来看，实质上仍然没有脱离波特（1980）的三种基本竞争战略类型架构。

沃纳菲尔德（Wernerfelt，1984）对资源进行了界定，认为资源包括品牌、技术、优秀的员工、交易合同、机器、有效的程序、资本等，并论述了资源与获利能力之间的关系。企业资源基础理论区分了四种类型的竞争战略。第一，以资源异质性为核心的竞争战略；第二，采取事后限制竞争的战略，即通过不完全模仿能力和不完全替代能力可以有效地限制竞争，避免企业资金的耗散；第三，不完全流动性的竞争战略，即要求企业充分地利用企业内部资源的不完全流动性在持续地获得市场租金的同时，实现租金在企业内部分配；第四，事前限制竞争的战略，其核心是企业如何以较低的成本从市场上获得优势资源（汪秀婷，2004）。

艾伦等（Alan et al.，1982）在米勒和斯诺（1978）的分类基础上提出了四种竞争战略：主动攻击战略（Aggressive strategy）、竞争战略（Competition strategy）、稳定战略（Conservative strategy）、防御战略（Defensive strategy）。主动攻击战略的特点是利用所有机会，寻求在自己或相关产业可购并的企业，增加市场占有率；竞争战略的特点是寻求财务资源增加市场冲力，增强销售能力；稳定战略的特点是建立广泛的产品线、降低成本、改善现金流量、保护有竞争力的产品，发展新产品或进入较有吸引力的市场；防御战略的特点是准备从市场中撤退，停止获利率差的产品，积极降低成本，减少产能，延续或减少投资。

坎贝尔·亨特（Campbell - Hunt，2000）在波特基本竞争战略的基础上提出了新的分型类别，他利用在 ABI - Inform 中检索到的 17 篇关于竞争战略和一般性战略与企业绩效关系实证研究文献的数据，采用主成分因子分析、聚类分析和多元回归分析的结果表明，基本竞争战略可以分为四种类型：强调成本领先、强调差别化、混合战略和没有明显强调。后续一些实证研究也发现了混合战略的存在，如斯帕诺斯等（Spanos et al.，2004），阿库瓦和亚赛·阿德卡尼（Acquaah & Yasai - Ardekani，2008）等[24][25]。周三多教授将竞争战略按时代进行了划分，即规模经济时代的经验曲线、大规模生产战略；围经济时代的低成本战略、差异化战略、集中战略、全面质量管理、品牌战略、名牌战略等；在新阶段出现的大规模定制战略、战略联盟、时基竞争战略、信息战略等。

2.2.4　本研究关于竞争战略类型的界定

虽然有一些研究者批评波特（1980）的竞争战略类型太过简化，无法充分表现企业追求竞争战略的复杂与多样化（Kotha & Vadlamani，1995；Mintzberg，1988；Wright，1987）[26]。但是，戴斯和戴维斯（Dess & Davis，1984）及罗宾逊和皮尔斯（Robinson & Pearce，1988）以企业选择的竞争方法研究企业追求的战略，其实证结果显示在企业的竞争实务中的确存在波特（1980）基本战略[27][28]。而且，米勒和戴斯（1993）利用 PIMS（Profit Impact of Market Strategy）数据库评估波特（1980）竞争战略构架之一般化、正确性及简单化，其结果发现波特（1980）竞争战略模型确实能以简单的概念性框架充分表现企业经营的复杂化现象[29]。另外，一些学者对波特（1980）的竞争战略的批评是由于对其存在误解造成的（陈圻，2008 等）[30]。

帕内尔（Parnell，1997）等对米勒和斯诺（1978）的框架进行了检验[31]，哈德森（Hudson，2001）对明茨伯格（1988）的分类也进行了经验考察，他们分别提供了支持这些划分的证据，但是这些分类范式还不像波特（1980）的模型那样广为接受[32]，波特（1980）的基本竞争战略，仍是最受支持的理论架构（Kim & Lim，1988；Miller & Dess，1993；Allen Helms，2002；Spanos et al.，2004；Acquaah & Yasai – Ardekani，2008 等），不但是最著名的演绎逻辑模型之一，也是竞争战略管理领域的领导典范之一（谢锦堂、刘祥熹，2005）[33]。

因此，本研究的竞争战略分类是基于波特（1980）的竞争战略类型，由于集中战略是将差异化和低成本战略运用到某一个特定目标市场的结果，因此本研究的基本竞争战略限定为低成本战略和差异化战略。波特（1980）认为低成本战略不能忽视一些形成差异的竞争方法；同样的，差异化战略也不能完全忽视一些降低成本的竞争方法。因此，严格而言，任何一个企业计划或实施的竞争战略都是低成本战略和差异化战略的组合函数，根据低成本和差异化的程度不同，可以划分为四种类型：低成本程度大而差异化程度小为低成本战略，如图 2 – 1 中Ⅰ区；低成本程度小而差异化程度大为差异化战略，如图 2 – 1 中Ⅱ区；低成本程度小且差异化程度小为无明显竞争战略，如图 2 – 1 中Ⅲ区；低成本程度大且差异化程度大为混合战略，如图 2 – 1 中Ⅳ区。

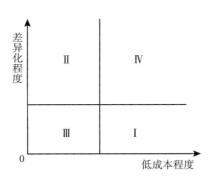

图 2 – 1　竞争战略类型

本书的主要研究目的不是比较这些竞争战略绩效表现之优劣，而是探究两种基本竞争战略对企业绩效的影响机制，即两种基本竞争战略是直接影响企业绩效还是间接影响企业绩效，如果存在中介效应，各自的中介变量是什么，环境是否调节了两种竞争战略对企业绩效的影响程度等问题。本书在实证研究中，采用验证性因子分析提取出两个竞争战略因子：低成本因子和差异化因子，并以这两个因子得分大小表示企业实施低成本和差异化战略的程度，低成本因子和差异化因子的不同组合形式充分表现了图 2 - 1 中的四种竞争战略类型。低成本因子反映了低成本战略导向的程度，差异化因子反映了差异化战略导向的程度，本书以这两个因子作为解释变量分析其对企业绩效的影响机制，因此，不再另行分析混合战略和无明显战略时的情形，将竞争战略界定为低成本战略和差异化战略两种类型。

2.3　竞争战略类型的识别

在实证研究中，识别企业的基本竞争战略类型需要确定三个问题：识别指标集、识别方法及数据来源。

2.3.1　识别指标集

戴斯和戴维斯（1984）较早实证研究波特基本竞争战略的识别问题，他们分析总结出了 21 种驱动因素，设计了一份度量竞争战略类型的量表，然后请 7 位战略管理学者座谈、19 位企业 CEO 问卷调查，通过因子分析和聚类分析发现企业确实存在波特的几种竞争战略类型。这 21 个驱动因素是：新产品开发、顾客服务、运营效率、产品质量控制、训练/培训员工、维持较高的库存水平、竞争力的价格、宽范围的产品、发展/完善已有的产品、品牌识别、营销技术和方法的创新、分销渠道控制、原材料获得、最小化使用外部资金、服务特定区域市场、制造特殊产品的能力、在高价细分市场的产品、广告、在产业内的声誉、预测市场增长、制造过程创新。

随后的研究，竞争战略类型的识别指标集大部分是以戴斯和戴维斯（1984）设定的 21 个驱动因素为基准并根据所研究对象的特征进行适当的调整，其中，低价格、注重创新、产品形象或品牌、运作效率等为基本必选竞争方法。大部分实证结果也表明这些指标可以很好地度量低成本战略和差异化战略，低成本战略的企业一般都比较重视低成本的生产输入要素、生产的运营效率及制造过程或工艺的创新等竞争方法；差异化战略一般都重视产品的研发与创新、企业的声誉与形象、产品的质量等竞争方法。

2.3.2 识别方法

对竞争战略类型的识别方法主要有两种：两步法和一步法。两步法可以用来获得竞争战略的维度和类型（Dess & Davis，1984；Carter et al.，1994；Kim & Lim，1988；McDougall & Robinson，1990；Kim et al.，2004）[34,35,36,37]。第一步，基于设定的竞争变量，获得公司对该竞争方法的重视程度数据，用因子分析法来识别竞争战略的维度，为了使变量在因子间的系数差别更加清晰，一般会采用最大方差旋转的主成分分析法。戴斯和戴维斯（1984）根据 21 个变量获得了 3 个颜料制造业公司竞争维度的因子：低成本因子、差异化因子、集聚因子；金等（Kim et al.，2004）根据 18 个变量获得了 5 个电子商务公司竞争维度的因子：市场领先因子、差异化因子、集聚因子、成本领先因子和产品增值因子。第二步，根据样本公司的各因子得分对样本进行聚类分析，各类在因子上的显著差异性表现就可以识别公司的战略类型，同一类的公司实施同一竞争战略。大部分实证研究都能够发现波特的 3 个基本竞争战略，或者在此基础上结合行业实情有所变化，如金等（2004）发现韩国电子商务公司有 5 种竞争战略：成本领先、整合、夹在中间、集聚差异化和在线集聚。

两步法在统计分析上比较严谨，但也有缺点，有时会出现聚类在某些战略维度上显著性检验不能通过的情形。戴斯和戴维斯（1984）将 19 个样本公司聚成 3 类时，发现这 3 类在低成本因子上没有显著性差异，这样低成本因子就失去了解释 3 类差异能力，基于包含低成本因子的竞争战略识别就不够科学。一步法识别公司的竞争战略思路比较简单一些。同两步法一样，也需要基于设定的竞争变量，用因子分析法来识别竞争战略的维度，同时获得公司在战略维度因子上的得分。根据公司在因子的得分与平均值的比较就能够识别公司的竞争战略。阿库瓦和亚赛·阿德卡尼（Acquaah & Yasai - Ardekani，2008）用一步法识别出加纳 200 家样本公司实施了 4 种竞争战略：低成本战略、差异化战略、联合战略和夹在中间。

2.3.3　数据来源

现有实证识别竞争战略类型的数据来源于两个方面，而且竞争战略对企业绩效的影响的实证研究数据同样来源于这两个方面。

第一个方面是利用一些已有的数据库，如 PIMS 数据库、上市公司财务信息数据库等。典型的有米勒和弗里森（Miller & Friesen，1986a，1986b）[38][39]从 PIMS 中选择 18 个变量测度波特的基本竞争类型，菲利普、张和布兹泽尔（Phillips，Chang & Buzzell，1983）利用 PIMS 数据库中的数据分析基本竞争战略的绩效问题[40]，怀特（White，1986）利用 PIMS 数据库中 69 个企业的研究数据进行研究[41]，米勒和戴斯（1993）从 PIMS 中选择 715 个制造业企业的数据绩效研究，戴维等（David et al.，2002）利用上市公司的财务信息数据库构建了 6 个指标度量竞争战略类型[42]。

PIMS（Profit Impact of Market Strategies）即市场战略的绩效影响，这一数据库最初是由美国哈佛商学院的市场营销研究所（Marketing Science Institute）于 1972 年以考察研究的形式建立起来的，目的是要确定战略计划与企业利润之间的关系，认清对盈利及增长产生影响的主要战略因素。后来到 1975 年，战略规划研究所（Strategie Planning Intitute，SPI）承担起 PIMS 研究，构思了最初的创造性数据分析方法，使之成为有效的战略评价工具。目前，该数据库就拥有 200 多家公司、3000 多个战略业务单位（Strategic Business Units，SBU）的财务和战略方面的信息，并有 100 多份调研报告利用它探讨了影响绩效的诸多战略因素，以及相应的市场环境。对每一经营单位所收集的信息条目达 100 多项，它们可归为 5 大类：经营单位环境的特性、经营单位的竞争地位、生产过程的结构、可支配的预算分配方式和经营单位业绩。可以说，PIMS 作为一种校正竞争优势和开展战略分析的多种市场数据库，已成为目前世界上关于战略盈利性关系的最全面、最详细的信息来源。PIMS 数据库为研究竞争战略与绩效的关系提供了数据支持，极大地促进了竞争战略的绩效影响研究。

第二个方面是通过问卷调查的方法获得相应数据，如戴斯和戴维斯（1984）开发的量表，一共 21 个问题分别用来测度波特的三种基本竞争类型；斯帕诺斯等（2004）利用对希腊制造业企业的调查数据考察了企业和产业的因素对绩效的影响；阿伦等（Allen et al.，2006）使用包含 25 种竞争策略的问卷调查了美国和日本企业的参加过 MBA 课程学习的管理人员，获得 226 个美国和 101 个日本的有效样本[43]；阿库瓦和亚赛·阿德卡尼（Acquaah & Yasai - Ardekani，2008）通过对已经实施经济自由政策的加纳 200 家大中型企业进行问卷调查，对获得的数据进行了战略绩效关系的研究。

由于公开数据库在使用上的限制，更多的学者倾向于问卷调查的数据，本研究也采用问卷调研数据。

这两种方法测量的结果存在一定差异，产生差异的原因可以用明茨伯格（1978）的战略 5P 模型来解释。明茨伯格认为计划（Plan）、计策（Ploy）、模式（Pattern）、定位（Position）和观念（Perspective）构成了企业战略的"5P"。可见战略既是计划，又是模式。实践中，计划往往没有实施，而模式却可能在事先并未计划的情况下形成。因此，即使在不存在感知偏差的情况下（Reger & Huff，1993）[44]，采用问卷方法测量的结果一般反映公司已计划好的战略；而用现有的数据库，比如公开的财务信息数据，构建的指标则侧重于反映公司已经实施或正在实施的战略。经验研究中最好能结合问卷数据和公开数据进行交互验证。

以上对公司竞争战略的识别都是基于事业部层次的衡量，纳亚尔（Nayyar，1993）提出了异议[45]。他认为产品层次衡量竞争战略时，成本领先战略和差异化战略之间是相互排斥的，且不存在两者混合的竞争战略。事业部层次的衡量标准并不能较好体现产品层次的竞争战略。同时，建议不仅要更加重视产品层次的竞争战略分析，而且要重新审视事业部层次竞争战略的衡量方式。

2.4　企业绩效的内涵与测度

绩效是战略管理的核心，是对战略的真实检验。尽管绩效的重要性得到广泛认同，但组织绩效的定义问题尚无定论。学术界一般认为企业绩效是指一定时期内对企业经营管理效益与效率以及对企业经营管理者经营管理成效的概括与汇总。

企业绩效是组织行为学的最基本概念之一，是指一定时间内企业的经济效益和经营者业绩（肖玲诺、姜振寰和冯英浚，2005）[46]。雅明、甘纳赛卡兰和马凡德（Yamin，Gunasekaran & Mavond，1999）认为企业绩效指企业实现市场和财务目标的水平[47]。巴森和盖尔（Buzzen & Gale, 1987）提出了绩效评价的三个标准：在企业历史记录的基础上对实际结果进行评价、同行业的其他公司或业务单位的绩效以及标志着所有行业绩效标准的成本[48]。

扎赫拉和博格纳（Zahra & Bogner, 2000）[49]对企业绩效（特别是新业务绩效）进行了测度。他们首先使用近三年来税前平均利润率来反映企业的获利水平。同时，为了克服单一指标的局限，他们还使用了另外两个客观指标：销售增长率和市场份额增长率。销售增长率反映了企业产品的市场接受程度；市场份额增长率反映了企业快速建立市场根基的水平。这三个指标可以较为准确地衡量企业的绩效水平。

维奇安德兰和勒特旺赛提恩（Ravichandran & Lertwongsatien, 2005）使用近三年来的运作绩效和市场绩效来测度企业绩效[50]。运作绩效指在过去的三年中，企业的利润率、生产率和最终绩效的水平。而市场绩效反映了在过去三年中企业成功进入新市场，以及向市场推出产品和服务的水平。

在斯莱沃斯基、墨里森和韦伯（Slywotzky, Morrison & Weber, 2000）研究的基础上，莱、帕特纳贾库里和塞思（Rai, Patnayakuni & Seth, 2006）关注于竞争相关的绩效，识别了企业绩效的三个维度：运作优化、收入增长和顾客关系[51]。运作优化指企业对顾客的响应和生产效率的改进，企业必须根据顾客需求的交货周期来平衡运作成本和服务水平。顾客关系关注企业与顾客之间的联系与忠诚度，以及企业了解顾客偏好的不可模仿的知识。收入增长包括现有产品和新产品的销售额（Zahra & George, 2002）[52]。

与本书相关的研究文献中一般运用财务指标来测量企业绩效，如资产收益率（Dess & Davis, 1984; Parker & Helms, 1992; Robinson & Pearce, 1988; David et al., 2002; Acquaah & Yasai - Ardekani, 2008 等）[53]；投资回报率（White, 1986; Hambrick, 1983; Wright et al., 1991 等）[54,55]；销售收益（Parker & Helms, 1992; Helms, Haynes & Cappel, 1992; Kim et al., 2004; Acquaah & Yasai - Ardekani, 2008 等）[56]；价格成本差（Spanos et al., 2004）。财务指标的普遍采用主要是因为资料获取方便，可以根据研究企业的年度财务报表获取所需数据。而且，由于遵循同样的财务会计制度，因而具有较强的可比性。

但越来越多的研究发现，财务指标测度企业绩效具有一定的缺陷，如财务指标与战略的非相关性、财务指标与战略的滞后性、财务指标的片面性及财务指标的短期性（郝晓玲、孙强, 2005）[57]。因而一些学者提出，除了财务指标外，一些非财务指标，如成长、品牌识别度、顾客满意度与忠诚度等，在反映企业绩效方面具有更深层次的意义，并表现出如下特点：（1）测量标准与战略联系在一起；（2）不仅注重结果评价，而且开始注意到过程评价；（3）财务评价作为企业绩效评价基础的地位仍无法改变（李垣等，2003）[58]。

企业成长会影响到将来的商业拓展和管理活动，企业成长也可能指出企业的优势所在以及生存和发展的可能性（McGee et al.，1988）[59]。企业综合经营力具体表现在企业绩效上，它的定义用"企业绩效 = 成长性 + 受益性"来表示，受益性即企业的财务绩效，成长性关注企业战略评价问题，强调企业未来发展状况，可以用成长性绩效测度。布拉什等（Brush et al.，1992）[60]指出测度企业绩效需要同时使用增长率和利润率指标，增长率在一定程度上代表企业的成长性绩效，利润率即企业的财务绩效。

企业持续竞争优势的直接表现就是长期、持续的快速成长（王毅，2004）[61]。一个企业即使财务绩效表现良好，但如果成长性不好也就表明其发展后劲不足，未来盈利能力可能较差，而成长性绩效是企业获得未来财务绩效的一种潜能，它表现一种过程，并且与企业战略是紧密相关的，对企业持续发展能力起着非常重要的作用。上述研究说明考察企业绩效时，应注重对评价企业可持续发展能力的成长性绩效的测度。金等（2004）用企业增长潜力来衡量企业绩效。

衡量绩效可以是单一指标，也可以是多指标。扎赫拉和奎因（Zahra & Covin，1993）[62]的研究指出，以单一指标——销售报酬率作为企业战略与技术战略下的评估指标，有不错的评估效果。但多数学者还是倾向采用多指标来衡量企业绩效，卡普兰和诺顿（Kaplan & Norton，1990）从四个层面，即财务、顾客、企业内部流程和学习与成长来衡量组织绩效[63]，这就是著名的绩效评价体系：平衡计分卡（BSC），在战略绩效管理领域受到高度赞誉。

本研究采用多指标来对其进行测度，在上述研究的基础上，本研究将企业绩效分为财务绩效和非财务绩效，所选指标涉及平衡计分卡中的三个方面：财务层面、顾客层面和学习与成长层面。

2.5　竞争战略对企业绩效的影响

自波特（1980）提出基本竞争战略理论之后，其竞争战略与企业绩效的关系一直是战略管理学术界的一个研究热点，本书通过梳理 30 多年来的相关文献，发现其研究脉络表现为：早期研究着眼于两者的直接关系，讨论竞争战略是否会提高组织的财务或绩效战略绩效；之后，权变理论被引入其中，相关研究论证不同环境、组织特征等情境如何调节竞争战略对绩效影响的关系和程度。然而，研究竞争战略影响组织绩效的过程的文献还较少，即很少试图挖掘"黑箱"内部的作用机理，分析竞争战略提升组织绩效的中间转换路径，这是现代企业制定竞争战略时更为关心的问题。下面，本书对这个研究脉络进行详细的梳理和评述。

2.5.1　直接关系视角

企业实施的竞争战略是否可以提升企业绩效，以及不同竞争战略的绩效比较。直接关系视角的研究模型如图 2 - 2 所示，这是目前波特竞争战略领域研究成果最为丰富的一个方面。

图 2 - 2　竞争战略与组织绩效的直接关系模型

实施低成本战略的企业通过有效地控制成本驱动因素和重构价值链获取成本优势，从而为企业带来绩效增长。一方面，积极识别企业的重要成本驱动因素并进行有效控制，如规模、学习曲线、生产能力利用率的效果、联系、整合、时机、自主政策、地理位置等；另一方面，重构价值链可能改变企业重要的成本驱动因素或提供从根本上改变企业成本结果的机会，提供企业运行的内在效率。差异化战略主要通过研发或建立完善的分销渠道使企业在品牌形象、技术特点、外观特点、客户服务、经销网络及其他方面与竞争对手不一样而获得为企业带来绩效增长和竞争优势。因此，学术界一般都认为基本竞争战略的实施可以为企业带来绩效增长，企业根据外部环境和内部环境选择合适的竞争战略。

戴斯和戴维斯（1984）较早研究波特竞争战略与企业绩效关系。他们分析总结出了 21 种驱动因素，设计了一份度量竞争战略类型的量表，然后请 7 位战略管理学者座谈、19 位企业 CEO 问卷调查，通过因子分析和聚类分析发现企业确实存在波特的几种竞争战略类型，并且以资产收益率和销售增长率度量的绩效指标在几种战略之间存在明显差异，均优于没有明确战略定位的企业。当用资产收益率（ROA）考核时，采用成本领先战略的企业绩效最好，其次是差异化战略，再次是集中化战略；当用销售增长率（ASG）考核时，采用集中化战略的企业绩效最好，其次是成本领先战略，再次是差异化战略。米勒和弗里森（1986）用 PIMS 数据库 12 个多元化公司中的 69 个事业部的资料，将消费品企业的竞争战略识别为四类：纯低成本、纯差异化、成本差异化和无战略，并对其绩效进行比较，结果发现低成本战略、差异化战略的净资产收益率与市场份额增长等绩效指标，均优于没有明确战略定位的企业。帕克和赫尔姆斯（Parker & Helms，1992）以戴斯和戴维斯（1984）的研究方法为基准框架，对英美两国的纺织业进行了研究，发现追求混合战略与纯战略的企业绩效（如 ROA、销售收入及员工的成长），也比没有明确战略定位的企业高，并发现追求低成本战略的企业其财务绩效显著高于追求差异化、集中化战略的企业。金等（2004）以韩国 75 家网上商城为样本，通过在线问卷调查收集相关数据，并采用因子分析（正交旋转的极大方差法）、聚类分析（系统聚类法）、邓肯多重范围检验（Duncan Grouping Test）等方法，验证了波特的一般性竞争战略在电子商务时代同样是适用的。采用不同战略的在线公司的绩效存在差异，其中追求成本与差异化混合战略的公司绩效水平最高，而成本领先战略在数字化时代所带来的绩效水平是最低的，因此得出数字化时代波特的成本领先和差异化战略应当混合采用的结论。阿拉姆达尔和费根（Alamdari & Fagan，2005）[64]采用了七个体现航空公司产品及运作特征的指标，利用斯皮尔曼等级相关系数和线性回归分析等方法，分析和评估了 10 家分别来自于美国和欧洲的具有较长历史的航空公司的绩效及其经营模式。结果表明，对成本领先模式的高度坚持与其盈利性之间具有潜在联系。尽管航空公司越来越多地采用成本领先和差异化的混合战略，而且这种混合战略确实带来了低运作成本、低费用和较高的边际利润率，但事实表明，坚持成本领先模式可以确保获得更大的收益。艾伦等（2006）通过对日本管理者对其企业的战略应用的问卷调查所获得数据进行因子分析发现，日本的企业只实施成本领先战略和差异化战略，没有证据表明企业实施聚点战略，并且成本领先战略运用得最多，差异化战略运用得最少。有趣的是，他们还发现了日本企业实施的与波特战略不同，与日本的传统战略符合的两种战略：供应链集中（supply chain focus）战略和基于培训（training based）战略。阿库瓦和亚赛·阿德卡尼（2008）通过对已经实施经济自由政策的加纳 200 家大中型企业进行问卷调查，对获得的数据进行因子分析，证实了企业实施联合战略比实施单一战略能够为企业的业绩带来明显的增加。他们发现，处于转型经济中（transition economies）的企业如果在执行成本领先战略的同时辅以差异化战略额比单独实施成本领先战略获得的业绩利润更多；但是，执行差异化战略的同时辅以成本领先战略对企业来说是不明智的。因此，如果企业执行差异化战略，则将精力用于差异化。另外，他们的结果还表明实施连续竞争战略（coherent competitive strategy）的企业业绩会比"夹在中间"（stuck-in-the-middle）的好。

其他一些学者也从实证角度证明低成本战略或差异化战略都能促进企业的绩效增长，如库马尔、萨布拉马尼安和尧格尔（Kumar, Subramanian & Yauger, 1997）；斯帕诺斯等（Spanos et al., 2004）等。

国内也有学者探讨竞争战略对企业绩效的影响，但文献很少。蔺雷、吴贵生（2007）[65]采用清华大学技术创新研究中心 2005 年国内制造企业的大样本调研数据，运用因子分析（EFA、CFA）和结构方程模型（SEM）方法，检验了服务差异化对企业绩效的影响，考察了产品类别和企业规模两个控制变量的作用。研究发现：基于组织资源投入的服务质量差异化对企业绩效具有显著正向影响，服务差异化能有效增强制造企业的竞争力；工业品企业较消费品企业更倾向于进行服务差异化竞争。王铁男（2000）[66]通过对沃尔·马特与邯钢保持竞争优势的比较分析，认为不同国家、不同产业的企业都可以采取低成本领先战略，在竞争中取胜。刘睿智、胥朝阳（2008）[67]利用中国上市公司 2000～2006 年的财务数据，采用验证性因子分析技术构建了两个因子以反映公司竞争战略是倾向于差异化还是低成本，在此基础上考察战略定位对公司短期绩效和长期绩效的影响。研究发现：低成本战略和差异化战略均能给上市公司带来短期竞争优势，但采用差异化战略的企业其短期获利能力显著高于采用低成本战略的企业；低成本战略创造的竞争优势难以持续，而差异化战略建立起来的竞争优势则具有可持续性。总体而言，差异化战略在创造竞争优势方面优于低成本战略。

尽管学者们一般都认为基本竞争战略的实施可以为企业带来绩效增长，企业根据外部环境和内部环境选择合适的竞争战略，但对于是否可以同时实施低成本和差异化战略，为企业带来更高的绩效增长，相关研究出现了很大的分歧。

部分学者支持波特的观点，认为低成本和差异化战略不可以同时实施。戴斯和戴维斯（1984）分析总结出了波特基本竞争战略的 21 种驱动因素，通过比较分析认为从产品层次衡量竞争战略时，成本领先战略和差异化战略之间是相互排斥的，企业在竞争战略选择时只能根据环境和资源的实际而定位其中之一。金和里姆（1988）认为低成本战略和差异化战略在组织安排和市场要求上有很大差异，甚至矛盾。低成本战略要求严格的科层管理制度和标准化生产以提高效率，而差异化战略需要宽松的管理制度以利于创新的发展；另外，低成本战略需要获得较大的市场份额，从而有利于规模经济和学习曲线，而差异化战略往往与争取较大的市场份额相矛盾。因此，企业只能选择战略之一。纳亚尔（1993）认为从事业部层次的衡量标准并不能较好体现产品层次的竞争战略，从产品层次衡量竞争战略时，成本领先战略和差异化战略之间是相互排斥的。

但许多学者对此提出质疑，主要基于以下三点原因。

第一，差异化与低成本的驱动因素不同且二者外生独立，并不存在内在的矛盾关系。

希尔（Hill，1988）认为差异化对需求的影响取决于企业的差异化能力、产品市场的竞争性质和消费者对竞争企业产品的承诺；而成本的降低有赖于学习效应、规模经济和范围经济[68]。墨瑞（Murray，1988）则认为成本领先的源泉来自于规模经济以及其他独立于规模的经济性等产业结构特征，而产品差异化的先决条件主要来自于消费者对质量、可靠性和服务的偏好[69]。沃德（Ward，1996）认为产品差异化强调产品质量特征以及准时配送等，而低成本是制造效率（如标准化）和规模经济的函数，从而，企业可能同时强调质量和低成本[70]。琼斯和巴特勒（Jones & Butler，1988）认为成本领先战略和差异化战略并不是完全对立的。他们将成本分为制造成本和交易成本，将两者纳入商业战略的分析框架之中，认为企业与消费者的交易不仅要考虑产品的交易成本，还要考虑制造成本[71]。琼斯和巴特勒（1988）指出交易成本是差异化的主要构成要素，而生产成本是成本领先的主要组成部分，从而，两个战略的差异是程度问题而不是类型问题。如果制造成本下降的幅度等于或大于交易成本上升的幅度，那么差异化战略的实施就没有以牺牲成本领先为代价，反而有助于成本的下降，此时两种战略的实施就是并行不悖的。

　　第二，在某些条件下组合战略是企业的必然选择。

　　在某一产业中尤其是在一些成熟的产业中，已经实现了显著的规模经济、学习效应和范围经济，企业有着极为相似的成本最小化结构。在这种情况下，只有差异化才能够创造出某企业独特的而很难被其他企业模仿的持久资产，甚至差异化也可以是企业取得低成本地位的一种方式。这就意味着，在都已经获得了最小化成本的群体里，持续的竞争优势可以基于差异化和对某个最小成本地位的维持。在以下几种情况下，差异化与取得低成本地位是一致的：该公司区分产品的能力很强；当顾客对竞争对手的产品的忠诚度比较低；市场增长迅速；市场结构极为分散；产品制造工艺较新或复杂；规模经济（尤其是在公司这一层面上）存在；范围经济存在（Hill，1988）。

　　第三，全球化和信息网络技术的发展进一步为混合战略的实施提供可能性。

　　全球化和信息经济时代信息网络技术的发展，使成本领先战略和差异化战略可以有效地融合。在经济全球化时代，跨国公司在全球范围内寻求低成本资源，包括劳动力物质资源。信息技术在企业生产层面和管理层面的运用，也使大规模定制、个性化生产成为可能。大量新技术在生产领域的运用，可以在低成本的前提下实现差异化。以计算机与互联网技术和通信技术为代表的技术创新与商务模式创新可以使更多的企业更容易地降低内部管理费用、与战略伙伴和消费者之间的交易成本。同时，建立在互联网技术与通信技术基础之上的创新还能使很多企业反应更快更灵活更具有柔性、所提供的产品和服务的质量更高。美国戴维·贝赞可等（David Besanko et al.，1999）提出了竞争战略的融合理论，他们认为信息技术、管理技术的发展，企业的低成本与差异化是可以融合的，并且从理论上分析了一些因素的存在使得差异化与低成本之间的不相容性得以削弱[72]。约瑟夫·派恩（Joseph Pine，1993）提出了大规模定制的概念[73]。人们对产品功能需求既有岐异性，又有共通性。岐异性是指每个消费者都有其特殊的需求，他对产品的需求是具有个性的；共通性是指尽管每个消费者的需求各不相同，但在某些方面是相似的或一致的，具有共性。对共性方面，实施大规模生产；对歧异性方面，则实施定制生产。大规模定制将大规模生产与定制生产这两个看似矛盾的生产模式有机地结合在一起，企业在利用规模化的低成本的同时，还能快速地满足客户对产品提出的差异化需求，从而实现低成本与差异化的有效融合。

国内学者韵江（2003）提出了低成本战略和差异化战略融合的四层面分析模型SOD战略模式，从互动产业价值网、价值网核心竞争力、企业内价值链、价值工程和客户体验四个方面进行分析，认为低成本战略和差异化战略在上述各个层面具有内在一致性，可以进行两种战略的融合[74]。陈建勋等（2009）认为高层领导者的变革型领导行为能够实现差异化竞争优势，交易型领导行为可以实现企业低成本竞争优势，因此，高层领导者的二元领导行为能够带来企业低成本与差异化竞争优势的融合，并且协同性技术创新在其中起着中介作用。作者运用193份有效问卷的数据进行实证分析，结果验证了该观点[75]。

一些学者经验研究表明同时实施低成本和差异化的混合战略会带来更高的绩效。怀特（1986）对PIMS数据库中69个企业的研究表明，在样本总量中有19个企业同时采用成本领先战略和差异化战略，且它们的投资回报率最高。赖特等（Whight et al.，1991）的样本包括56个生产机械螺丝的企业，研究的5个假设中，只有"同时采用低成本战略和差异化战略的企业要比那些采用纯战略的企业有更好的绩效"得到了支持[76]。赫尔姆斯、海恩斯和卡佩勒（Helms，Haynes & Cappel，1992）通过对美国零售百货店、杂货店和日用品店等零售业态中40个零售企业的聚类分析和方差检验，发现采用组合战略的企业有12家，它们有较高的销售利润率，同时追求低成本和差异化的零售企业比那些采用纯战略的企业可以获得更多的竞争优势。帕克和赫尔姆斯（1992）对纺织产业中的组合战略进行了分析，其结论认为纺织产业中的企业如果同时追求成本领先战略和差异化战略能够比采用纯战略的企业获得更高的绩效水平。斯帕诺斯等（2004）利用对希腊制造业企业的调查数据考察了企业和产业的因素对绩效的影响。他们将波特基本竞争战略划分为纯战略和混合战略，发现企业实施混合战略明显优于实施某一具体的单一战略。阿库瓦和亚赛·阿德卡尼（2008）通过对已经实施经济自由政策的加纳200家大中型企业进行问卷调查，对获得的数据进行因子分析，证实了企业实施联合战略比实施单一战略能够为企业的业绩带来明显的增加。

但是，并不是所有的混合战略在任何条件下都有高的绩效表现。米勒和戴斯（1993）发现在所有战略群中，宽广领域的差异化和低成本组合最具有盈利能力，而与较窄战略目标相联系的战略组合盈利能力更差。金等（2004）发现尽管混合战略可以为企业带来高的绩效，但只有纯网上业务（pure play）企业的混合战略才能有高的绩效，而既有商店又有网上购物业务（clicks and bricks）的企业实施混合战略的绩效并不好。事实上，波特后来在《竞争优势》中除了指出企业的不同 SBU 可以采用不同战略以外，还明确指出只有在三种条件下，企业能够同时取得成本领先和标歧立异的优势地位，即"对手夹在中间、成本受市场份额或产业间相互关系的强烈影响和重大创新"[77]。他还认为，只要当公司离生产率边界很远时开始或在生产率边界外移时，成本与差异化的同时提高才有可能。

因此，探讨混合战略适用的具体条件很有必要。差异化与低成本战略能否混合实施有赖于企业的独特能力。这些独特能力主要在于对独特原材料、生产与加工技术和分销渠道的掌控，对全面质量管理、灵活制造等现代管理工具的把握。

由于研究者选取的行业、变量和方法不同，竞争战略与企业绩效关系的经验研究所得出的结论也不完全一样，主要的差异在于究竟哪种竞争战略的绩效表现最优。支持低成本竞争战略绩效最优的实证研究有戴斯和戴维斯（1984），帕克和赫尔姆斯（1992），库马尔、萨布拉马尼安和尧格尔（Kumar, Subramanian & Yauger, 1997），阿拉姆达尔和费根（Alamdari & Fagan, 2005）等；支持差异化竞争战略绩效最优的实证研究有古等（Koo C. M. et al., 2004），金等（2004）等[78]；还有研究认为混合战略的绩效最优，如帕克和赫尔姆斯（1992），斯帕诺斯等（2004），阿库瓦和亚赛·阿德卡尼（2007）等。

但是，也有极少数研究结果却表明竞争战略和绩效不相关或弱相关，如坎贝尔·亨特（2000）研究结果表明，强调竞争战略和没有明显强调竞争战略的企业在绩效方面没有明显差异。阿莫亚科·吉亚姆帕和阿库瓦（Amoako-Gyampah & Acquaah, 2007）通过对加纳制造业企业业绩的考察发现，竞争战略并不直接影响一个企业的业绩，但它通过与质量制造战略的正相关性间接影响企业的业绩。

研究结论的不一致引起进一步的探讨，学术界试图在竞争战略与绩效的简单关系模型中加入第三类变量，如基于权变理论，加入调节变量获取不同组织条件和环境情境下两者关系的解释。

2.5.2　调节视角

论证不同环境、组织特征等情境如何调节竞争战略对绩效影响的关系和程度。在战略管理研究中，权变的思想被广泛应用，战略权变学家认为竞争战略应该与战略环境（strategic context）匹配，进而对企业绩效产生影响，借用该思想的学术研究成果非常丰富。这些研究持有的共同观点就是情景因素对战略的相关方面都有较强的调节作用，相应的研究模型如图 2 – 3 所示。

图 2 – 3　竞争战略与组织绩效的调节效应模型

　　调节变量可以分成外部环境、行业特征等环境变量，以及组织结构、资源、文化等组织变量两大类。不同的环境特征和组织条件下，竞争战略与绩效关系的作用是不同的。调节变量界定着竞争战略和绩效之间关系的边界条件，影响着竞争战略和绩效之间关系强度或关系方向。调节变量的引入，使竞争战略和绩效关系的研究逐步走向深入，模型更能拟合复杂的企业竞争现象，研究结论也更为科学准确。

　　在众多情景因素中，环境作为竞争战略的一个重要匹配因素备受学者的关注。米勒等（1993）提出企业制定战略决策流程必须适合具体的环境，随着环境的变化企业必须及时调整战略，使之与环境保持一致。奎因、斯莱文（1988）[79]证明了战略类型在不同组织结构下对企业绩效有不同的影响。李和米勒（1996）[80]研究表明战略与环境匹配的做法不论对于调整战略以适应环境的企业，还是对于选择一个小市场积累战略能力的企业都不无裨益，进一步地说，创新差异化和市场差异化战略适合于不确定环境中，而低成本战略适合于稳定环境中。格里菲斯等（Griffith et al.，2006）[81]提出战略匹配概念，这一概念运用整合的观念将环境与战略选择相结合，从企业战略与环境相匹配入手，提出了一个战略匹配的模型，并提出企业进行战略决策的一般流程。琳达瓦提·甘尼和琼尼·哲米亚斯（Lindawati Gani & Johnny Jermias，2009）[82]根据S&P 500 数据库中 1997 ~ 2001 年的 129 公司数据研究发现，在动态环境中，追求差异化战略的企业的绩效比低成本战略企业的绩效好；在稳定环境中，低成本战略实施绩效比差异化战略绩效好。吴学良等（Hsueh – Liang Wu，et al.，2007）[83]以 2001 ~ 2002 年全球经济衰退为背景，对来自 30 个国家 32 个行业共 1054 个样本进行研究，考察环境敌对性对竞争战略与绩效关系的调节作用。实证结果表明在经济衰退期，实施差异化战略的企业绩效不如实施成本战略的企业；差异化不一定能提高利润率，其原因是在敌对环境下缺乏市场机遇且竞争过于激烈导致通过差异化追求独特的竞争优势并不能立即产生效益。不同类型竞争战略下的企业绩效差异可能与行业获利能力有关，产业结构这种外部环境对竞争战略与企业绩效关系也起着调节作用。阿库瓦等（2008）[84]对非洲加纳企业的竞争战略、环境特征及绩效的关系研究得出以下结论：第一，低成本、差异化及混合战略均对绩效产生正效应；第二，产业竞争强度与产业部门均对差异化战略与资产报酬率的关系存在调节效应；第三，产业竞争强度对低成本战略与销售利润率关系、差异化战略与销售利润率关系均存在调节效应；第四，低成本战略更适合于竞争性行业，差异化战略更适合于垄断性行业。可以说，这些结论对于同样处在重大变革环境下的中国及其他新兴经济体如何实施竞争战略以提高企业绩效方面具有借鉴意义。

　　除了环境外，还有一些变量也可以调节竞争战略与绩效的关系，如人力资源管理系统、行业类型、企业规模、高管团队特征等。

　　甘尼格尔和穆尔（Gunnigle & Moore，1994）[85]认为企业应根据企业战略类型的不同采用相应的人力资源管理系统，从而实现战略目标。扬恩德特（Youndt，1996）[86]研究实证结果支持了权变的形态模式，即制造战略须与人力资源管理战略系统匹配才能提高组织绩效。舒乐和杰克逊（Schuler & Jackson，1987）[87]采用与波特略为不同的标准把企业战略分为三类：成本型（cost reduction）、创新型（innovation）和质量型（quality enhancement）战略，同时他们认为人力资源管理系统对竞争战略与绩效关系具有调节效应。采取成本型战略的企业应采用控制型的人力资源管理系统；采取创新型战略的企业应采取承诺型的人力资源管理系统；采取质量型战略的企业应采取参与合作型的人力资源管理系统。这样的匹配方式可以使企业绩效表现最佳。比（Bea，2003）[88]认为采用差异化战略的企业更倾向于内部型人力资源管理系统，而采用成本领先战略的企业更倾向于市场型的人力资源管理系统，竞争战略与系统匹配的企业，其组织绩效高于不匹配的企业，但张正堂等（2008）基于中国133 企业数据的实证研究并没有支持这一结论[89]。

　　阿库瓦和亚赛·阿德卡尼（2008）通过对已经实施经济自由政策的加纳200 家大中型企业进行问卷调查，对获得的数据进行了战略绩效关系的研究，发现行业类型具有调节作用，对制造业企业，低成本竞争战略对企业绩效影响显著，而对于服务业，是否实施低成本战略对企业绩效影响没有显著差别。佩勒姆（Pelham，1999）[90]研究发现一般竞争战略选择对企业绩效的影响较低，这是因为企业规模的限制。在小型生产企业，采用差异化战略对利润和企业增长有显著影响，而低成本战略对绩效测量没有显著影响。门古克（Menguc et al.，2005）[91]实证表明当公司关注财务效率时，高管团队多功能和跨功能协调处于中低水平时，竞争战略导向与销售回报率（ROS）的关系较强。

2.5.3　中介视角

探索竞争战略影响企业绩效的过程机制，相关研究较为匮乏。

调节效应反映了不同情景下竞争战略影响企业绩效的效果不同，企业制定和实施竞争战略时需要关注相应调节变量的影响，但企业更关注竞争战略是"如何"影响企业绩效的。竞争战略除"直接"显著或不显著提升企业绩效之外，是否还存在另外"间接"提升绩效的可能？如果有此可能，是通过什么中间变量的传导实现的？回答这些问题需要分析竞争战略影响企业绩效的中间转换过程。组织中有效的整合行为和过程是组织竞争战略导向能否有效提高组织绩效的中介变量，发挥着中介效应的作用，其概念模型如图 2 - 4 所示。加入这些中介变量，能进一步更清晰有效地反映从竞争战略到绩效增长的转化途径，挖掘"黑箱"内部的作用机理。

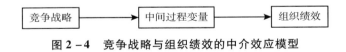

图 2 - 4　竞争战略与组织绩效的中介效应模型

尽管与之相关的市场导向、创业导向等对组织绩效影响的过程研究已经成为热点，合理的中间变量被引入，并积累了大量的文献。然而，研究竞争战略影响组织绩效的中间转换路径的文献还很少。阿莫亚科·吉亚姆帕和阿库瓦（2007）通过对加纳制造业企业业绩的考察发现，竞争战略并不直接影响一个企业的业绩，但它通过与质量制造战略的正相关性间接影响企业的业绩。竞争战略对企业的质量制造战略有正相关作用，而质量制造战略正向影响企业的绩效，因此，质量制造战略中介了竞争战略对企业绩效的影响。郑兵云（2011）

从理论上分析动态能力对竞争战略与企业绩效关系发生了中介效应，他认为竞争战略可以根据企业的目标提升、扩展和超越企业的现有能力。"战略的本质在于使组织获得发展、创造、积累、利用知识的能力"[92]。竞争战略为能力提供了发展方向、发展速度和发展重点，战略提升能力是一个渐进积累的、动态的不断扩展过程。拉米罗·蒙特亚莱格雷（Ramiro Montealegre，2002）[93]的实证研究对此给予了支持，他基于电子商务战略的时序案例研究，提出了发展能力的过程模型，这个模型清晰地展示了企业整体战略的形成和实施如何支持和预测企业的能力发展过程。动态能力能够重构并提升企业核心能力来回应快速变化的市场，并以此获得并维持持续竞争优势，进而带来绩效增长。大量的实证研究表明动态能力提升可以增加企业绩效。这样，竞争战略——动态能力——企业绩效之间传导的逻辑关系形成了，动态能力在竞争战略与企业绩效关系上发挥着中介效应可以成立。

2.5.4 相关研究评价

目前关于企业竞争战略对绩效的影响研究中，大量文献集中在两者的直接影响关系上，研究结果主要认为各种竞争战略的实施都能够提高企业绩效。一些学者考虑环境不确定性对二者关系的调节影响，引入调节变量，使竞争战略和绩效关系的研究逐步走向深入。但这些研究未能揭示竞争战略影响企业绩效的机制。一些学者试图打开这个"黑箱"，认为企业的竞争战略通过影响企业的竞争性活动形成一条较为复杂的过程链，并最终为企业带来持续的竞争优势，但目前该领域的研究还很不成熟。本研究将以企业的创新行为作为中介变量，同时考虑环境的调节作用，系统分析竞争战略对企业绩效的影响机制问题，以丰富竞争战略与企业绩效关系的相关研究。

2.6 创 新

2.6.1 创新的含义

创新的理论观点，首先由美籍奥地利经济学家的约瑟夫·熊彼特在《经济发展理论》（1912 年）中提出，至今已有近 80 多年历史。按照熊彼特的观点，所谓"创新"，就是建立一种新的生产函数，也就是说，把一种从来没有过的关于生产要素和生产条件的"新组合"引入生产体系[94]。它包括以下五种情况：（1）引进新产品；（2）引进新技术，即新的生产方法；（3）开辟新市场；（4）挖掘原材料的新供应来源；（5）实现企业新的组织。显然，熊彼特的创新概念，其含义是相当广泛的，它是指各种可提高资源配置效率的新活动，涉及技术性变化和非技术性变化的创新[95]。

直到 20 世纪 80 年代，人们对于创新的概念表述，依然莫衷一是。许多学者从不同的角度对创新的含义进行了大量研究与讨论，如从新事物本身角度、开发新事物的过程角度、采用新事物的过程角度等。目前，关于创新的研究和理论比较丰富，本书将国内外一些主要的关于创新的观点进行总结，如表 2 - 3 所示。

表 2 - 3　　　　　　　　　　国外部分学者对创新含义的观点

作者	创新的含义
熊彼特	建立一种新的生产函数，也就是说，把一种从来没有过的关于生产要素和生产条件的"新组合"引入生产体系。
波特	技术改进和更好地做事方式与方法，以表现为产品变化、工艺变化、新的市场营销方法、新的销售形式和新领域的概念。
奥托·卡尔特霍夫等	产生和应用新知识的一种活动。他们认为创新的主要含义在于技术，但也不一定必须依赖于技术，也很可能具有艺术性。
曼斯菲尔德	一项发明，当它被首次应用时，可以称之为技术创新。
V. 莫尔	技术创新是技术制品的创始、演进和开发的过程。
弗里曼	第一次引进某项新的产品，工艺过程中所包含的技术、设计、生产、财政、管理和市场活动的诸多步骤。
D. 斯通曼	技术创新是首次将科学发明输入生产系统，并通过研究开发努力，形成商业交易的过程。
唐纳德·瓦茨	企业对发明或研究成果进行开发，并通过销售而创造利润的过程。
霍特	运用知识或相关信息创造和引进某种有用的新的事物的过程。
奈特	对一个组织或相关环境的新的变化的接受。
扎特曼	是被相关使用部门认定的任何一种新的思想、新的实践和新的制造物。
日本近代经济研究会	生产手段的新结合。

资料来源：根据林迎星（2002）、赵明剑（2004）等相关文献整理获得[96][97]。

近年来，在我国"创新"一词的使用频率也越来越高，归纳起来，对创新含义的理解主要有以下几种。

（1）认同熊彼特的定义，认为创新是指建立一种新的生产函数，也就是说，把一种从来没有过的关于生产要素和生产条件的新组合引入生产体系。我国出版的经济管理专业性辞书对于"创新"这一词条，几乎都是这样解释的。这种定义反映了"创新"这一词语的原创含义及从国外引进的事实，如常修泽（1989）等[98]。

（2）认为创新是指人们的破旧立新并求得综合效益的活动[99]。这种定义对"创新"与"技术创新"做了区分，反映了创新发展的新内容。

（3）认为创新是指创造新的东西。我国出版的一般性辞书对"创新"词条的解释大都属于这一类。如罗竹风主编的《汉语大词典》将创新解释为"创立或创造新的"；中国社会科学院语言研究所词典编辑室编的《现代汉语词典》将创新解释为"抛开旧的，创造新的（记录、成绩等）"。

（4）林迎星（2002）认为创新包含两方面的含义：一是指创造新的东西，二是指在一定环境中把一种创造首次引入企业生产经营体系或社会经济系统以获得综合效益的活动。这里的创造是指创立前所未有的事物，它包括范围极广，人类认识世界（发现）和改造世界（发明）的所有成果都是创造。强调首次，是把创新与创新扩散区分开来。强调环境，是明确创新是在特定的时间、空间和条件下发生的，这种含义是创新理论研究的主要对象。

值得注意的是，创新实际上是一个动态、历史的范畴，随着时代的发展而变化。就是创新概念的首倡者熊彼特自己在不同时期的论著中，对这个概念的描述也是在变化的。在早期论著中，他更多地强调企业家在创新活动中的作用和创新活动的随机性；随着社会垄断竞争的发展，大企业 R&D 投资的增加，在后期他更强调创新是企业行为内生决定的，创新主要是企业自觉投入 R&D 活动的结果，而不仅是企业家随机行为或者不可确定和不可捉摸的活动[100]。

到了 20 世纪中叶，科学技术在经济发展中的作用越来越重要，企业自觉投资于 R&D 活动，创新活动变成了企业家的一项常规活动。随着知识经济时代的到来，创新已成为经济发展最重要的动力。

2.6.2 竞争战略与创新的相关研究

波特（1980）指出重大创新可能会使得成本领先者易主，但他并没有否认创新在成本领先战略中的作用，承认创新可以成为成本领先战略的驱动因素，他指出"新技术常常是成本优势的基础"，但主要是降低成本相关的过程创新。实施差异化战略的企业通过把顾客需要的独特个性融入产品来提升产品在顾客心目的价值，从而以较高的价格占领市场。产品创新极其普遍，创新成为实施差异化战略的必要条件。没有创新，差异化战略很可能会失败（薛红志，2005）。无论是低成本战略还是差异化战略都应重视创新，通过企业的创新活动建立或强化企业的竞争优势，并使之持久化。

1. 国外相关研究

目前，国外一般认为成本领先战略相关的创新主要包含运营创新中的流程创新（Dess & Davis，1984）、营销创新中的渠道创新、财务创新和人力资源创新（Akan et al.，2006）[101]，但多为个案研究，也缺乏对渐进或重大产品创新条件下持续的成本领先可能性的研究。而采用差异化战略的企业主要关注多重的全新技术或服务，常常会倾向于开展突破创新，并通过突破创新来把握市场中新的机会。

米勒（1986）[102]扩展了波特的竞争战略研究框架，引入了创新战略作为第三种基本竞争战略（成本领先、创新、差异化），创新战略包含了与技术创新、产品创新、营销创新等相关的驱动因素[103]，许多实证研究结果表明创新战略与成本领先战略及差异化战略都呈显著正相关。瑟戈夫（Segev，1989）[104]同时研究了波特（1980）的四种基本竞争战略（即低成本、差异化、集中和无战略）和米勒斯和斯诺（1978）的四种竞争战略（即防御型、探索型、分析型和被动反应型）与创新行为的关系。实证研究结果发现，无论是低成本战略还是差异化战略都正向影响企业的创新行为。道林和麦克吉（Dowling & McGee，1994）[105]收集了通讯设备产业中的 52 个新投资的公开出价文件，研究了经营战略、技术战略和新投资绩效的关系，发现致力于成本领先战略的新技术投资更为成功。埃迪尔维托（Edilberto，1996）[106]提出企业要从战略角度来设计薪酬体系，认为企业战略可分为成本领先战略、差异化战略和创新战略。通过 261 份问卷回答结果实证分析发现企业竞争战略和薪酬体系之间联系越紧密或彼此越适应，企业的效率和效益就会越来越高。研究结果同时发现，低成本战略和差异化战略都与创新战略正向相关。莱克李提思（Reklitis，2001）[107]对希腊 100 家制造业企业创新行为、竞争战略和组织结构的关系进行实证研究，结果表明差异化战略与成本领先战略都与创新行为正相关。富恩特斯等（Fuentes et al., 2006）[108]研究了全面质量管理和竞争战略的关系，同时发现低成本战略和差异化战略都与创新战略正向相关。门古克等（2007）[109]讨论了变革型领导、市场导向及三种基本竞争战略的关系，也发现了低成本战略和差异化战略都与创新战略正向相关。罗杰斯（Rodgers，2007）[110]研究了餐饮服务技术创新在差异化战略和成本领先战略中扮演的角色，通过文献梳理，识别出了与成本领先和差异化相关的创新行为。

理论研究上，尼古劳斯·康斯坦托普洛斯等（Nikolaos Konstantopoulos et al., 2007）[111]基于波特竞争战略框架，构建了关于竞争战略、组织结构与创新行为三者关系的概念框架。他将创新划分为产品创新、技术创新和组织创新，讨论三种创新行为与四种竞争战略（低成本、市场差异化、创新差异化和集中战略）的概念关系。

2. 国内相关研究

（1）国内学者在研究波特竞争战略中的创新行为时，主要集中在差异化战略的创新行为。

薛红志（2005）认为没有创新，差异化战略很可能会失败。王雅旎（2007）认为基于突破性创新的差异化战略可以获得持久的竞争优势[112]。在以标歧立异战略为基础的"差异化—非价格"模式主导下，自主创新开始成功地扎根于企业的经营活动中，成为其取得持续成功的首要工作和最终保证（侯雁，2008）[113]。研究波特竞争战略中的创新行为的文献，几乎都支持差异化战略必须创新的观点，并深入分析了差异化战略的不同创新行为，如谢锦堂、刘祥熹（2005），于立宏、郁义鸿（2007）[114]，王宏（2007）[115]，刘睿智、胥朝阳（2008），周培岩（2008）[116]等。

（2）相对差异化而言，国内研究低成本战略中的创新行为较少，且主要集中在模仿创新和低成本创新。

高玉荣和尹柳营（2005）指出：一项成功的创新活动通常可以促进生产成本的大幅度降低，如对生产流程或工艺的改进等[117]。他们还通过列举日韩企业的成功经验表明：对生产进行小幅而持续的技术创新不仅可以使生产成本降低，而且可以减少经营风险，这种借助创新的低成本战略的实施可以有效地解决顾客需求的快速变化给企业带来的管理上的矛盾。

黄越和王培华认为，技术创新和技术进步能使实施成本领先战略的企业持续改进成本、固守竞争优势的关键[118]。黄学工也指出，经验曲线产生的基础主要在三个方面：学习效应、规模经济以及技术创新[119]。其中技术创新对成本降低的作用则是以更广泛的形式存在，因为技术创新可以达到降低成本目的。另外，技术创新通过规模经济产生影响，从而使企业的规模经济建立在动态基础上。蓝海林等通过对波特的"五力"模型的分析得出，成本领先战略所拥有的有效防御力来自于成本领先战略的三大特性，即标准化生产，低价格，绝大多数顾客可以接受的性能[120]。这三大特性又是靠企业的基本技能和资源来支撑，在整个五项基本技能和资源中，有三项是与技术创新直接相关的，因此，直接或间接的"技术创新"是企业实行成本领先战略的基础。他们还从成本领先战略实现的途径角度分析证明得出低成本的优势一般来自于技术创新，这与流行观点不同。

王华（2007）[121]认为从封闭体系到半开放体系的模块化进程为低成本地模仿创造了极好的条件，他认为产品体系创新是吉利汽车低成本战略取得成就的根本原因；吉利汽车通过产品体系结构创新，从封闭和整体的产品结构转变为半开放的模块化类型，同时开展模仿创新，自行制造核心部件，成功地实现了低成本；已经部分开放的模块化产品设计为吉利汽车模仿创造了条件。

赵为民等（2008）考察了格兰仕的低成本创新[122]，认为格兰仕之所以保持了早期基于低成本资源和注重效率的优势，得益于它早在1997年就在美国建立了研发中心，以后每年研发费用均占销售收入的4%～5%，不断发展升级产品，通过低成本创新实现了战略转型，摆脱了低端产品形象，逐步向中高端进军。他们提出了"产品边际创新"概念，就是"强调尊重企业历史和传统，在企业既有资源的基础上对产品进行边际性突破和改进"。由于市场和技术的惯性，渐变的产品容易开发，也容易为消费者所接受，企业的产品升级是一个漫长的过程。边际创新的概念包含了基于惯例的渐进创新的演化思想，也包含了基于战略柔性与核心能力的低风险创新的思想。

曾鸣是较早关注中国低成本制造的学者之一，他在《龙行天下》一书中对中国低成本制造的未来抱乐观态度[123]。曾鸣认为，由于金融资本和人力资本在全球的流动性，任何技术创新所能带来的模仿壁垒和垄断利润都在快速降低。相对同质化的竞争，让低成本创新成为任何企业参与竞争的必要条件——以低成本的方式进行技术创新，以技术创新的方式降低成本，这种低成本创新将成为未来全球竞争的核心。低成本创新主要有三种模式：集成创新、流程创新和颠覆性创新。低成本创新的成功很大程度上得益于越来越多的产业形成了全球的水平分工和模块化的结构。曾鸣同时也指出了成本创新面临的障碍，即还有不少产业由于产业链的复杂性，并没有形成规模化的结构，整个产业依然主要是寡头竞争的格局，在这些行业，由于很高的进入壁垒，成本创新战略面临天然局限，无法发挥应有的作用[124]。

章钰（2010）通过分析浙江闰土股份有限公司实施低成本战略的案例，认为对技术创新的投资使成本驱动因素向着有利于企业的一方倾斜，新技术通常为成本优势打下基础[125]。大多数成本领先企业都积极进行技术创新，通过技术创新投资来降低成本的一些主要方法有：开发低成本工艺、推进自动化、低成本原料的采用、低成本的产品设计。基于技术创新的成本领先战略的实施，使企业能够获得丰厚的经济效益，也能形成企业的核心竞争力。

（3）少数学者比较了不同竞争战略中创新行为选择的差异。

褚冉冉等（2008）认为实施低成本战略的企业应该采取跟随或模仿创新，而实施差异化战略的企业应该采取合作创新[126]，施蕾（2008）持完全相同观点[127]。陈建勋等（2009）认为渐进创新有利于低成本优势的实现，突破创新有利于差异化优势的实现，高层领导者的二元领导行为（变革型和交易型）通过协同性技术创新的中介作用来实现低成本与差异化竞争优势的融合。蔡建峰等（2009）基于创新周期和仿真实验讨论了渐进创新和突破创新对企业竞争优势的影响[128]。

总体而言，对基本竞争战略与创新行为的理论分析和实证研究的文献还比较缺乏，有深入研究的空间。

2.7　以往研究中存在的不足

从以上分析可以看出，在相关针对竞争战略与企业绩效关系的研究中，国外学者在理论上和实证上都积累了丰富的成果，而国内研究则十分欠缺。同时，既有文献也还存在一些不足的地方，主要表现在：

（1）竞争战略对企业绩效的影响的研究视角比较简单直接，没能考虑调节因素和中介因素的影响。以往文献将研究集中在企业实施明确的竞争战略是否对绩效有显著的影响，以及哪种竞争战略的绩效更优，其研究框架比较简单，对企业的实践指导意义有限。企业关心的不仅仅是哪种竞争战略更好，更关心的是，在现实的企业内外部环境下，企业该如何制定竞争战略，以及竞争战略是通过什么中间转化途径影响绩效的，挖掘"黑箱"内部的作用机理，这就是调节效应和中介效应问题，也就是竞争战略影响企业绩效的机制问题。

（2）企业绩效的测度过于关注财务绩效。企业绩效是指一定时期内对企业经营管理效益与效率以及对企业经营管理者经营管理成效的概括与汇总。以往研究文献中一般运用财务指标来测量企业绩效，如资产收益率、投资回报率、销售收益等。但越来越多的研究发现，财务指标并不能全面地反映企业的经营状况，因而一些学者提出，除了财务指标外，一些非财务指标，如成长、品牌识别度、顾客满意度与忠诚度等，在反映企业绩效方面具有更深层次的意义。

针对上述不足，本研究拟以中国的制造业企业为研究对象，实证研究竞争战略对企业绩效的影响，以期对已有研究进行适当弥补，为我国企业制定竞争战略提供参考和启示。

第 3 章

理论模型构建

本书第 2 章对波特基本竞争战略与企业绩效的关系进行了详细的文献梳理，认为目前的相关文献集中在从简单直接的视角研究竞争战略是否可以提升企业绩效，以及比较低成本战略和差异化战略在企业中的绩效表现。相关研究很少关注竞争战略通过何种途径影响企业绩效的，特别是在国内，还没有发现考虑影响过程的专门研究。直接分析竞争战略对企业绩效的影响或比较几种竞争战略的绩效，其结论对企业管理实践的指导价值有限。而研究企业竞争战略影响绩效的途径，挖掘"黑箱"内部的作用机理，这是一个更有现实指导意义的问题（郑兵云，2011）。此外，第 2 章还回顾了竞争战略与创新行为的相关研究。

本章将在上述文献研究成果的基础上，立足于企业创新的视角，比较探讨两种不同竞争战略是如何影响企业创新行为的，企业的创新行为是如何影响企业绩效的，深入研究竞争战略对企业绩效的影响机制。同时，在这一影响过程中，本章引入环境特征这一变量，考察环境特征对上述关系的调节作用。最后，根据理论分析提出具体的研究假设，得到细化后的研究模型。

3.1 渐进创新与突破创新

3.1.1 渐进创新与突破创新的含义

创新就是建立一种新的生产函数，把一种从未有过的有关生产要素和生产条件的新组合引入生产系统[129]。低成本战略和差异化战略都重视创新，但两者在创新模式的选择上不同，因此，需要进一步划分创新的类型。人们为了研究的需要也经常从自己的研究角度出发对其进行分类，由于研究角度的差异，创新也就被划分为几种不同的类型。例如，从制度状态来划分，奈特（Knight）将创新划分为程序化创新和非程序化创新两类；从创新的最初重点来划分，达尔顿（Dolton）提出了创新的三种类型：技术创新、以价值为中心的创新和结构创新；从组织方式来划分，创新划分为独立创新、联合创新和引进创新；王大洲、关士续[130]把创新分为两大类型，即制度创新和技术创新；常修泽等[131]认为企业创新包括五个方面的内容：产品创新、技术创新、市场创新、管理创新和组织创新；芮明杰[132]则把现代企业创新领域划分为相互联系的五个领域，即技术创新、制度创新、组织创新、市场创新和管理创新；等等。

1997年，美国哈佛商学院教授克莱顿·克里斯滕森（Clayton M. Christensen）在其著作《创新者的困境：当新技术导致大企业的失败》（*The innovator's dilemma: when new technologies cause great firms to fail*）中根据创新幅度的不同将创新划分为渐进创新和突破创新[133]。尽管此前也有一些文献定义或分析了渐进创新与突破创新，但不像该书那样对创新进行了系统的专门研究，书中所阐述的观点在美国的学术界引起很大的震动，克里斯滕森成为创新研究特别是突破创新研究的最重要代表人物，他对创新的类型划分被较多学者采用，并出现了一批相关研究，如范德芬（Van de ven，1999）等[134][135]。国内研究渐进创新与突破创新的学者主要有西安交通大学李垣教授团队、浙江大学的陈劲教授团队及许庆瑞教授团队、复旦大学的司春林教授团队、南京航空航天大学的彭灿教授团队等。

渐进创新表现为企业对现有技术的改进或引起的渐进的、小幅度的、连续的创新，渐近创新对产品成本的降低和性能的提高具有很大的积累性效益。这种创新涉及的变化是在现有技术和生产能力上的变化，能充分发挥已有技术的潜能，并经常能强化现有的成熟型公司的优势，特别是强化已有企业的组织能力。企业通过渐进创新改进现有的产品设计、拓展现有的知识和技能、扩张和丰富现有的产品线、提高现有分销渠道的效率、为现有的顾客群体提供更优质的服务（Vadim Kotelnikov，2001）。

突破创新是指企业首次向市场投放的新产品和新技术，它代表了技术上有革命性的变化，它们表现为同现有实践的明显性分离；突破创新是一种大幅度的、激进的创新行为，其意图是寻求新的可能性。企业通过突破创新设计新产品、开辟新的细分市场、发展新的分销渠道、为新的消费者群体提供服务。突破创新是建构在与现有知识基础完全不同的新知识基础之上的技术创新，对既有技术能够产生替代、破坏作用，直至技术主导范式出现（薛红志，2006）[136]。这两种创新的差异在于突破创新比渐进创新包含更多的新知识、新技术，突破创新往往会导致新产品、新工艺的出现，而渐进创新多表现为产品和工艺在原有的基础上改进和优化（沈灏等，2009）[137]。区分突变创新和渐进创新的重要性在于这两种不同类型的创新对于企业内部因素的要求、所处环境和创新所起的作用是不一样的。在 19 世纪六七十年代日本的生产性行业中，企业的成功是与渐进创新的引入密不可分的，而美国企业的成功则主要是靠突变创新[138]。彭灿、陈丽芝（2008）提出了一个研究突破性创新战略管理的分析框架，这对于人们从战略层面上认识和处理突破性创新具有一定指导作用，而且为突破性创新战略管理研究指明了方向[139]。

　　由于研究的角度不同，学者对两种创新的定义存在一定的区别，表 3 - 1 和表 3 - 2 分别列举了部分代表性学者的观点。

表 3 - 1　　　　　　　　　　　　渐进创新的代表性观点总结

作者，年份	主要观点
詹姆斯·骑，1991[140]	指出渐进性创新是扩展现有的产品和工艺。
纳尔逊和温特，1982[141]	首先提出了技术轨迹的理论，认为技术轨迹指的是研发人员对于一项技术的可行性或者至少值得尝试的价值方面的认知，它推动了技术朝着某一个特定的方向前进。
萨哈尔塔斯，1981[142]	提出了"技术路标"理论，认为企业通过技术路标能获得比较准确的方向，而且技术知识可以获得不断的积累，形成竞争优势。
图什曼和安德森，1990[143]	渐进性创新随着时间的流逝，会逐渐产生累积性的经济效果。
梅丽莎，2005[144]	认为渐进性技术是与原有技术脱离程度不大的技术，它在应用之前就为企业或产业所知晓。
柳卸林，2000[145]	连续性创新是渐进的，它建立在现有的知识、现有的市场和现有的技术基础设施之上。
赵明剑，2004[146]	延续性创新（渐进性创新）是沿着企业主流市场中主要顾客的需求曲线提高已定型产品性能。
秦辉，2005[147]	渐进性创新是指对现有技术的改进引起的渐进的、连续的创新，其特征是在某个时点的创新成果并不明显，但具有巨大的累积性效果。

表 3 - 2 突破创新的代表性观点总结

作者，年份	主要观点
瓦迪姆·科特尔尼科夫，2000	突破性创新是使产品、工艺或服务或者具有前所未有的性能特征或者具有相似的特征但是性能和成本都有巨大的提高，或者创造出一种新的产品。它在工艺、产品和服务领域创造出戏剧性的变革，这种变革改变现有的市场和产业，或创造出新的产业和市场。
理查德·利夫，2000[148]	突破性创新是能带来或潜在导致如下一个或几个方面后果的创新类型：一系列全新的性能特征；已知性能特征提高 5 倍或 5 倍以上；产品成本大幅度削减（成本削减 30% 或 30% 以上）。
埃里克范贝·克姆，2000[149]	突破性创新是采用破坏性方法和力量产生突破性的创新与思想的一种方法。
佩里·格拉瑟，1999	突破性创新也称为不连续性创新，该概念是相对于渐进性、连续性创新而形成的。专家们把大幅度削减产品成本、提高产品性能 10 倍以上或者开发出全新性能特征的产品系列称为突破性创新。
乔治·波，1999	创新的最根本含义是变革，从渐进性创新、持续性创新到突破性创新、破坏创新是一个连续的统一体，突破性创新是这个统一体的边缘。突破性创新的特点是：非线性、高速度、不连续。
弗兰克·费尔南德兹，1999	突破性创新是推动产品报废，大范围取代现有的即使是最成功的现存产品的过程。
戴斯和比尔德，1984	突破性创新建立在一整套不同的工程和科学原理之上，它常常能开启新的市场和潜在应用。突破性创新经常会给现存的企业带来巨大的难题，但它却常常是新兴企业成功进入市场的基础，并有可能导致整个产业的重新洗牌。
亨德逊和克拉克，1990[150]	突破性创新应满足以下两个条件：全新的产品概念与产品核心部件之间连接的重大改变。
奥乐劳斯，1986[151]	技术的突破性旨在破坏和重置企业现有的能力，包括研发能力、生产能力或者营销能力。并把突破性创新过程定义为两种产品或者两种工艺的相互替代过程。
安德森和图什曼，1990[152]	突破性技术是使得一个产业的投入和产出的比值有了大幅度提高的那些创新。
克莱顿·克里斯滕森，1997[153]	从企业价值网络的角度上认为，渐进性技术的共同特征是沿企业组织主流市场中主要顾客的需求曲线提高已定型产品性能的技术，某一行业中大多数技术的进步都是有这样的特点；而突破性技术则至少在短期内降低产品性能同时使组织原有价值网络结构发生变化的技术。
福斯特，1986[154]	当突破性创新产生，也就是发生技术巨变的时候，会有一些突出的表现：如技术性能、绩效或者成本发生巨大变化等。
许庆瑞，2000[155]	突破性创新是导致整个工业的技术变革的一类创新，并认为这类创新并不是经常出现的，而且很难准确地预料到它的出现时间。

続表

作者，年份	主要观点
陈劲，2002[156]	突破性创新是指基于突破性技术的创新，是那些在并不是按照公司主流用户的需求性能改进轨道上进行改进的创新，也可能是暂时还不能满足公司主流用户需求的创新。
薛红志，2006	突破性创新是指建构在与现有知识基础完全不同的新的知识基础之上的技术创新，对既有技术能够产生替代、破坏作用，直至技术主导范式出现。

资料来源：赵明剑（2004）、葛明慧（2008）[157]及作者搜集整理。

3.1.2　渐进创新与突破创新的特点比较

通过以上文献对两种创新的辨析，本书对渐进创新和突破创新的特点进行了分析和总结，如表 3-3 所示。其中，突破性创新与渐进性创新的主要区别在于两点：（1）这一技术是否在原有的技术轨道上进行创新；（2）这一创新满足的是不是主流用户的需求。对于渐进性创新来说，技术可能会有跃迁性，但是无论这种改进多么困难，跨度多大，只要其性能改进的轨道依然是其主流用户所要求的性能轨道，其依然属于渐进性创新。相反，突破性创新不一定是难度很大的创新，但一定是开辟了一个新的技术轨道，它的技术可能暂时不符合现有客户的需求或不被现有主流客户重视（张洪石，卢显文，2005）[158]。

表 3-3　　　　　　　　突破创新与渐进创新的特点比较

特点＼创新类型	突破创新	渐进创新
创新基础	探索一种新的技术	对现有技术的开发利用
创新风险	高不确定性	相对低的不确定性
创新目的	关注于能够产生新的获利方式的产品、工艺或服务	关注于提高现有产品、过程或服务的盈利能力
创新特点	创造一种能够产生新的市场或产业的巨大变化，或者对现有市场或产业造成重大影响	在现有市场或行业中提高企业的竞争能力
创新路径	零星的、间断性的	线性的、连续的

续表

特点 ＼ 创新类型	突破创新	渐进创新
创新条件	需要长期的、大量的资源能力投入，需要不同部门和不同知识结构的人员的沟通交流	需要相对短的时间和少的资源投入，对部门和人员沟通要求不高
创新与知识	添加新的知识和问题	解决现有的知识和问题
与市场的相和性	与现有市场规则或文化的背离	能够比较容易地被市场所接受

资料来源：孙永风、李垣（2007）[159] 及作者整理。

3.2　竞争战略与企业创新

竞争战略是企业经营单位在某一特定产业或市场中为了获得或保持竞争优势而采取的整体性行动，是基于核心能力的不断获取竞争优势的过程[160]，是适应未来环境的变化，寻求长期生存和稳定发展而制定的总体性和长远性的谋划。企业竞争战略制定后，必须通过一些活动过程来实现相应竞争战略应该达到的竞争优势，创新对企业保持竞争优势有重要的作用。蓝海林等通过对波特的"五力"模型的分析得出，成本领先战略所拥有的有效的防御力来自于成本领先战略的三大特性，即标准化生产、低价格、绝大多数顾客可以接受的性能。这三大特性又是靠企业的基本技能和资源来支撑，在整个五项基本技能和资源中，有三项是与技术创新直接相关的，因此，直接或间接的"技术创新"是企业实行成本领先战略的基础。罗杰斯研究了餐饮服务技术创新在差异化战略和成本领先战略中扮演的角色，通过文献梳理，识别出了与成本领先和差异化相关的创新行为。因此，竞争战略通过影响企业创新行为而获得竞争优势。

竞争战略对企业创新的影响表现在以下几个方面[161]：（1）引导企业创新的方向。企业的竞争战略，要求企业技术创新必须以战略为指引，以提升企业核心竞争力为目标，必须遵循价值优越性的要求，以市场为导向，实现技术创新与提升企业核心竞争力的良性循环。（2）调动参与创新职工积极性，增加企业凝聚力。随着企业发展与成长，要求企业技术创新必须要有制度保障。核心竞争力不仅由技术系统决定，而且它与企业的组织活动、管理模式、经营资源等因素高度融合。因此，技术创新作为实现企业竞争战略的重要途径，不能不以制度作为激励和约束的条件。与竞争战略相配套的制度、文化等为创新的正常、高效、持久的发展提供了制度上的保证，从而最终有利于企业核心竞争力的形成和发展[162]。（3）不同企业战略引导不同的技术创新类型。企业竞争战略的独特性，决定企业技术创新必须专有化。核心竞争力具有不可模仿的独特性，而技术创新成果则具有可扩散、可分享的特点。企业应该根据不同时期，不同战略，来制定创新的类型，实现自己在市场竞争中的优势地位。

北京大学民营经济研究院认为"竞争战略引导创新"[163]。创新不仅仅是企业应对市场变化的一种或偶然或持续的活动，更是事关企业生死存亡的战略选择。企业的创新活动需要在创新战略的指导下有序开展，而创新战略则需要以企业更高层次的竞争战略为依据。创新战略集合了企业各类创新活动，无论是产品创新、制度创新，还是经营方式创新、营销创新，都是从企业所处市场环境和企业自身情况出发，选择各自的创新模式和方法。因此，创新与企业所处的竞争环境密切相关。借助波特的竞争战略理论考察企业的创新活动时，我们会发现很多企业创新行为的选择都是建立在对行业环境和自身竞争能力的理性分析基础之上的。失去了竞争战略的指引，创新不但不能为企业创造价值、赢得市场，还会将企业推向困境。该研究院通过郑州思念集团的实际案例，具体分析了企业的竞争战略如何引导企业的产品创新和价值链创新活动。

塞戈夫（Segev，1989）同时研究了波特（1980）的四种基本竞争战略（即低成本、差异化、集中和无战略）和米勒斯和斯诺（1978）的四种竞争战略（即防御型、探索型、分析型和被动反应型）与创新行为的关系。结果发现，无论是低成本战略还是差异化战略都正向影响企业的创新行为。尼古劳斯·康斯坦托普洛斯等（2007）基于波特竞争战略框架，构建了关于竞争战略、组织结构与创新行为三者关系的概念框架，认为竞争战略影响了企业的创新行为。

低成本战略和差异化战略都重视创新，但两者在创新模式的选择上不同。企业的竞争战略类型会导致企业创新选择的差异（沈灏等，2009）。战略管理研究认为，企业的各种行动都是为了保证其战略目标的实现，对于创新而言也并不例外。不同企业对于是否开展创新以及开展什么样创新的差异正是由于这些企业战略类型的差异所导致的。

3.2.1 低成本战略与企业创新

低成本战略以保持低成本地位为核心，主要维度是运营效率[164]。实施低成本战略的企业倾向进行渐进创新的研发活动，通过学习效应在已有知识基础上进行创新，通过设计技术创新使得产品易于制造，通过系统流程创新获得低成本的分销系统等。这类企业主要关注现有的产品或市场领域，只是加强已有市场领域的发展，它们并不投入资源去开拓外部新的市场机会，企业很少需要对自身的生产技术等进行全新的调整。通过渐进创新的研发活动，降低成本、提高生产效率，利用高的产品质量、有效的营销方式满足客户的显性需求。

低成本战略在组织结构、企业文化等方面的要求都比较有利于企业的渐进性创新。

查尔斯·奥雷利（1989）指出企业的竞争战略一旦制定下来，就会通过规定人员、结构和文化各要素之间协调一致来完成一组关键任务或目标[165]。低成本战略要求基本组织是"结构分明的组织和责任"（波特，2007），"提高效率，降低成本"成为企业文化的核心。技术创新学认为，技术创新与组织结构之间存在着互动机制[166]，特定的组织结构只适应特定的技术创新活动，不适当的组织结构必然制约企业的技术创新。渐进性创新要求组织有相对集中的智能结构、有一套约定俗成的程序、有明确的分工和以效率为导向的企业文化[167]。因此，低成本战略有利于渐进创新。

国外一般认为与低成本战略相关的创新主要包含运营创新中的流程创新（Dess & Davis，1984）、营销创新中的渠道创新、财务创新和人力资源创新（Akan et al.，2006）[168]，这类创新较多表现为渐进创新。赵为民等（2008）考察了格兰仕的低成本创新[169]，提出"产品边际创新"概念，就是"强调尊重企业历史和传统，在企业既有资源的基础上对产品进行边际性突破和改进"。由于市场和技术的惯性，渐变的产品容易开发，也容易为消费者所接受，企业的产品升级是一个漫长的过程。边际创新的概念包含了基于惯例的渐进创新的演化思想。陈建勋等（2009）认为实施低成本战略的企业应该采取渐进创新，从而有利于低成本优势的实现。低成本战略企业很少进行颠覆性创新，突破性技术创新会使过去的经验和积累化为乌有。

基于上述理论推演和实践分析，提出如下假设：

H1a：实施低成本战略有利于开展渐进创新。

H1b：实施低成本战略不利于开展突破创新。

3.2.2　差异化战略与企业创新

采用差异化战略的企业具有很强的创新精神，为了建立品牌形象与标新立异，必须具备雄厚的研发能力和良好的科研氛围，从而为顾客创造独特性能与质量的产品、服务。它们以不断寻找市场中的新机会为目标，并且不断地进行试验来应对不断变化的环境。这些企业通常会通过创造不确定和变化来与自己的对手竞争。采用差异化战略的企业主要关注多重的全新技术或服务，比较倾向于开展突破创新，并通过突破创新来把握市场中新的机会。

差异化战略要求有机式的组织结构，各部门之间密切协作；重视主观评价和激励，而不是定量指标，有轻松愉快的气氛，以吸引高技能工人、科学家和创造性人才（波特，2007），因此在企业文化上，差异化战略鼓励创新、发挥个性及承担风险。而突破性创新正是要求企业有相对灵活的组织、鼓励创新的激励机制和以开拓进取为特征的企业文化（Ettlie et al.，1984）。因此，差异化战略有利于突破创新，而不利于渐进创新。

突破性技术创新是建立在一整套不同的科学技术原理基础之上的，也就是说技术发展路径的"另辟蹊径"。由于这类技术创新具有突破性和新颖性，因而许多相关的行业标准和技术标准不能适应它的出现。突破性技术创新是一个复杂的相互作用的创新模型，因此它所带来的结果很难让竞争对手进行模仿。另外，突破性创新带来隐性知识的不易替代性，由于创新形成的知识可以分为显性知识与隐性知识，而隐性知识是难以转移的，只能通过内部的非正式网络来进行，因此，模仿性的企业难以获得从事突破性创新的企业在突破性创新的过程中所积累起来的隐性知识，这严重影响了竞争对手的模仿能力。这样，突破创新建立的差异化优势具有持久性。

侯雁（2008）认为差异化战略模式主导下，自主性突破创新成为其取得持续成功的首要工作和最终保证。陈建勋等（2009）认为实施差异化战略的企业应该采取突破创新，从而有利于差异化优势的实现。蔡建峰等（2009）基于创新周期和仿真实验，认为突破创新对企业的差异化竞争优势有正向影响。

基于上述理论推演和实践分析，提出如下假设：

H2a：采取差异化战略有利于开展突破创新。

H2b：采取差异化战略不利于开展渐进创新。

3.3　创新对企业绩效的影响

创新是民族进步的灵魂，是国家兴旺发达的动力，是一个国家一体化经济持续发展的渊源，创新更是企业提高竞争优势的原动力。随着国际经济科技一体化进程加快，区域化经济趋势增强，科技发展日新月异，市场环境激烈竞争，企业家们清楚地认识到：唯有不断地创新才可崛起于企业之林[170]。面临激烈的竞争与不确定的竞争环境，企业为了求生存与成长，创新已经变得越来越重要。企业的创新活动是提高组织绩效的一个重要途径，在许多行业，创新对企业价值创造的影响越来越大。在创新上投入更多资金的企业会比那些投入少的企业获得更大的回报[171]。在组织创新领域的研究中，许多研究验证了创新对绩效的影响，创新对绩效的正向影响则已被许多学者的实证研究所支持，认为不管是在何种产业，创新均会导致更好的组织绩效。

雅明、甘纳赛卡兰和马凡德（Yamin, Gunasekaran & Mavondof, 1999）[172]的研究证实，澳大利亚制造业中创新和企业绩效之间存在显著关系，而高绩效的组织也被发现在其历史上采取了更多的产品创新和流程创新。高普拉克里什南斯（Goplalkrishnans, 2000）实证研究也表明组织创新对企业绩效具有重要促进作用，创新能在很大程度上增强企业管理效率，提高市场占有率，增大利润空间[173]。霍特等（Hult et al., 2004）利用澳大利亚181家年销售量超过1亿美元的公司的相关数据，研究发现企业的创新行为显著提高了企业的经验绩效[174]，马凡德等（2005）、阿克根等（2007）等运用不同的数据验证了这一结果[175][176]。

产品创新能够提供更好的满足顾客需求的产品，从而增强组织的市场开拓能力和竞争能力，并为企业带来丰厚的利润。工艺创新能够降低生产成本和增强弹性生产能力，从而改进组织绩效和提升竞争力。核心能力是企业获取竞争优势以提升组织绩效的基础，从长期看，组织的核心能力来自推出比竞争者更快速、成本更低的产品的能力。即以技术创新为基础的核心技能力的提升，促进企业绩效增长（于成永、施建军，2009）[177]。姚雪超、陈德荣（2010）认为管理创新是提升企业竞争优势的重要途径，并对管理要素创新、管理过程创新、管理职能创新三个方面及整体上进行统筹研究如何提升企业竞争优势[178]。

姚山季等（2009）对产品创新与企业绩效的关系的国内外重要文献进行了整理，通过 19 篇文献的 36 个效应值，运用 Meta 分析方法检验了二者之间的关系，结果表明产品创新可以显著的正向影响企业绩效[179]。

3.3.1　渐进创新对企业绩效的影响

帕尔姆和罗杰（Palmer & Roger，2002）[180]的研究进一步发现，渐进创新对企业绩效有积极影响。企业的渐近创新可以大大降低产品成本，降低原料、燃料、动力的消耗，这种创新与市场开拓相结合，获取最佳商业利益，最终就体现在提高了企业的市场竞争力。渐进性创新对现有产品的改变相对较小，能充分发挥已有技术的潜能，并经常能强化现有的成熟型公司的优势，特别是强化已有企业的组织能力，对公司的技术能力、规模等要求较低（Nelson，1995）[181]。在制造业企业中，渐进性创新主要表现为完善产品性能、简化生产流程、减少浪费等（Samson & Terziovski，1999）[182]。这些持续的小创新活动不断地改善着企业的技术状态，具有巨大的累积性效果，推动企业绩效的提升（Jha et al.，1996）[183]。哈林顿（Harrington，1995）指出持续的改进是企业绩效提升的主要驱动因素[184]。奥凯·阿迪高奇（Oke Adegoke，2007）的研究表明，渐进创新和突破创新对创新绩效均有正向影响[185]。他们据此认为，企业的实践和流程不能仅仅追求突破创新，也要在创新战略中追求渐进创新。门古克和奥赫（2005）[186]采用综合的绩效指标（不区分效率与效果，综合度量企业的整体绩效），结果仍显示，两类创新对企业整体绩效均有显著的正向影响。奥赫和门古克（2008）[187]将绩效分为效果和效率两方面，其研究结果显示，不论对于效果指标还是效率指标，渐进创新和突破创新都同时表现出显著的正向影响。李忆、司有和（2008）[188]进一步将创新细分为探索式创新和利用式创新（此细分近似本书的突破创新和渐进创新），研究发现探索式创新和利用式创新对企业绩效都有直接的正向影响。汤浩瀚（2008）实证研究结果表明企业渐进性技术创新与企业财务绩效成正相关关系[189]。

基于上述理论推演和实践分析，提出如下假设：

H3：渐进创新对企业绩效有正向影响。

3.3.2　突破创新对企业绩效的影响

突破性创新建立在一整套不同的科学技术原理之上，常常能开启新的市场和潜在的应用（Dewar & Dutton，1984）[190]，迫使企业不断提出新的问题，不断利用新的技术成果和商业策略以寻求解决问题的新途径（Burns & Stalker，1966；Hage，1980）[191][192]。实施突破性创新可以使企业获取垄断性的收益和专有性的隐性知识[193]。理查德·利夫（Richard Leifer，2000）等认为突破性创新可以为企业带来全新的产品特色，提高现有功能指标至少5倍以上，显著降低产品成本[194]。从事突破性创新的企业也进行渐进性创新，由于创新形成的知识可以分为显性知识与隐性知识，而隐性知识是难以转移的，只能通过内部的非正式网络来进行。企业只有积极进行突破性创新才能避免被小企业突破性创新的巨大破坏能力所摧毁。突破性创新已经成为公司竞争与国家发展的基石（汤浩瀚，2008）。企业必须用突破性的产品和服务来开发潜在的要求，开辟新的市场或改变现有的市场。汤浩瀚（2008）实证研究结果表明企业突破创新与企业非财务绩效成正相关关系。在分析渐进创新对企业绩效的影响时，一些学者同时也认为突破创新能够提高企业绩效，如上文中提及的奥凯·阿迪高奇（2007）、李忆与司有和（2008）、奥赫和门古克（2005，2008）等。

基于上述理论推演和实践分析，提出如下假设：

H4：突破创新对企业绩效有正向影响。

3.3.3　渐进创新对突破创新的影响

创新从来不是一时的现象，而是一个长期积累的过程，这个过程包括了从新概念的产生到执行的全过程[195]。渐进创新和突破创新是根据创新幅度的不同所做的划分，然而，两者幅度的差别并不是完全清晰和精准的，二者之间并不存在严格的界限。从辩证法的角度而言，渐进创新通过长期持续不断的局部积累或改良创新，由量变到质变，最终实现根本性创新（杨智等，2009）[196]。陈建勋等（2009）认为在二元领导行为的组织会同时进行渐进创新和突破创新，渐进创新可能会促进突破创新。刘兰剑（2010）认为尽管渐进性技术创新和突破性技术创新本质上是创新过程中依赖知识新颖程度的一个连续状态的两个极端，却并不一定是明显区分的[197]。杨智等（2009）基于湖南省高新技术开发区企业的实证研究表明企业的渐进性创新对突破性创新也存在影响，并通过突破性创新对企业绩效发生作用，这意味着企业也要注意发挥渐进性创新的作用，这些研究结果均可以被看作是对罗斯威尔（Rothwell，1992）有关创新来源研究的有益补充[198]。

基于上述理论推演和实践分析，提出如下假设：

H5：渐进创新对突破创新有正向影响。

3.4　竞争战略对企业绩效的影响

在本书第 2 章的文献评述中，关于竞争战略对企业绩效的影响，本书已对大量研究文献进行详细的分析。因此，本节不再重复相关内容，只是简单回顾一下相关文献的研究结论，并提出假设。

实施低成本战略的企业通过有效地控制成本驱动因素和重构价值链获取成本优势，从而为企业带来绩效增长。一方面，积极识别企业的重要成本驱动因素并进行有效控制，如规模、学习曲线、生产能力利用率的效果、联系、整合、时机、自主政策、地理位置等；另一方面，重构价值链可能改变企业重要的成本驱动因素或提供从根本上改变企业成本结果的机会，提高企业运行的内在效率。差异化战略主要通过研发或建立完善的分销渠道使企业在品牌形象、技术特点、外观特点、客户服务、经销网络及其他方面与竞争对手不一样而获得为企业带来绩效增长和竞争优势。因此，学术界一般都认为基本竞争战略的实施可以为企业带来绩效增长，企业根据外部环境和内部环境选择合适的竞争战略。

戴斯和戴维斯（1984）[199]发现企业确实存在波特的几种竞争战略类型，并且以资产收益率和销售增长率度量的绩效指标在几种战略之间存在明显差异，均优于没有明确战略定位的企业。米勒和弗里森（1986）用 PIMS 数据库的资料，对消费品企业进行了研究，发现低成本战略、差异化战略的净资产收益率与市场份额增长等绩效指标，均优于没有明确战略定位的企业。帕克和赫尔姆斯（1992）以戴斯和戴维斯（1984）的研究方法为基准框架，对英美两国的纺织业进行了研究，发现追求混合战略与纯战略的企业绩效（如 ROA、销售收入及员工的成长），也比没有明确战略定位的企业高，并发现追求低成本战略的企业其财务绩效显著高于追求差异化、集中化战略的企业。其他一些学者也从实证角度证明低成本战略或差异化战略都能促进企业的绩效增长，如库马尔、萨布拉马尼安和尧格尔（1997），艾伦等（2006），斯帕诺斯、扎拉里斯和里欧卡斯（Spanos Ye., Zaralis G. & Lioukas S, 2004）。

国内也有学者探讨竞争战略对企业绩效的影响，蔺雷、吴贵生（2007）发现差异化能有效增强制造企业的竞争力。王铁男（2000）通过对沃尔·马特与邯钢保持竞争优势的比较分析，认为不同国家、不同产业的企业都可以采取低成本领先战略，在竞争中取胜。刘睿智、胥朝阳（2008）实证分析发现中国上市公司不论是实施低成本战略还是差异化战略，都可以提高企业的短期绩效，给企业带来竞争优势。由此，提出并将验证以下假设：

H6：低成本战略对企业绩效有直接的正向影响。

H7：差异化战略对企业绩效有直接的正向影响。

3.5　创新行为的中介作用

基于上述竞争战略与企业绩效、竞争战略与创新行为以及创新行为与企业绩效的关系的论证，本书试图论证企业创新行为对竞争战略与企业绩效之间的关系起中介作用。

根据温忠鳞等（2004）、邱浩政（2009）提出的中介效应检验程序，本研究认为竞争战略对企业绩效的影响可以通过企业创新选择来传递[199][200]。具体地，企业低成本战略会显著提高企业渐进创新水平，进而提高企业绩效；企业差异化战略会显著提高突破创新水平，进而提高企业绩效。这里的理论逻辑是：企业的竞争战略（战略）会带来企业创新行为（组织行为）的差异，而企业创新（组织行为）的差异会影响企业绩效。这种"战略→组织行为→企业绩效"的理论逻辑被很多理论和实证研究[201][202][203]所采纳。

基于上述理论推演和实践分析，提出如下假设：

H8：渐进创新在低成本战略与企业绩效关系中起中介作用。

H9：突破创新在差异化战略与企业绩效关系中起中介作用。

基于以上假设分析，本研究提出了竞争战略、创新选择与企业绩效之间关系的概念模型，如图 3 – 1 所示。在这个模型中，创新作为中介变量，而且竞争战略与创新选择有匹配关系。创新行为可能只发生部分中介作用，因此，这个概念模型保留了竞争战略对企业绩效的直接影响关系。图 3 – 1 中箭头表示显著影响关系，括号中的正负号表示预期影响方向。

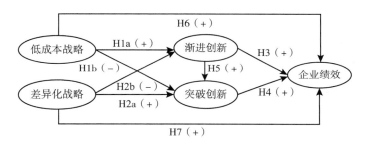

图 3 – 1 创新选择对竞争战略与企业绩效关系的中介作用模型

3.6 环境的调节作用

环境的概念在战略管理领域一直被关注。邓肯（Duncan，1972）将环境定义为："组织中做出决策的个体或群体所需要直接考虑的物理和社会因素的总和"[204]。邓肯的定义是一个复合的概念。他将企业内部环境分为个人、功能部门和组织三大层次共十二个组成部分。乔治·斯蒂纳（Steiner George，2002）[205]和理查德·达夫特（Daft Richard，2003）[206]等认为组织环境包括内部环境，它是由那些处于组织内部的要素所构成的，并将企业所有者、雇员、经理层和董事会等都纳入企业内部环境。此外，在国内，大多数学者认为企业环境应该包含内部环境和外部环境。毫无疑问，这种全面的界定有助于企业更系统地看待内外环境的互动与整合。本书采用柳燕（2007）的观点，将环境概念界定为：（1）环境是各种自然因素和社会因素的总和，在企业中，决策行为要受到这些因素的直接影响；（2）环境通常被理解为进行决策时所要考虑的一切客观要素和社会要素[207]。

实证研究证明，企业竞争战略与绩效之间存在正向的、复杂的关联，如戴斯和戴维斯（1984），坎贝尔·亨特（2000），阿莫亚科·吉亚姆帕和阿库瓦（2007）。为了获得对于竞争战略与企业绩效关系更加科学的解释，学者们提出竞争战略在不同情景下效果不同（Bea, 2003；Acquaah & Yasai – Ardekani, 2008；Imenguc et al. , 2005 等），应该在竞争战略与绩效的简单双变量关系模型中加入调节变量。调节变量界定着竞争战略和绩效之间关系的边界条件，影响着竞争战略和绩效之间关系强度或关系方向。调节变量可以分成外部环境、行业特征等环境变量，以及组织结构、资源、文化等组织变量两大类。不同的环境特征和组织条件下，竞争战略与绩效关系的作用是不同的。本研究仅选取战略管理中最重要的权变变量之一——环境作为调节变量，研究环境对于竞争战略与绩效关系的调节效应。

作为重要的权变变量，环境在企业竞争战略绩效关系的实证研究中受到学者们的关注。企业在制定战略时需要考虑到各种环境因素，没有一个普遍的对任何组织都有利的竞争战略导向的选择标准，企业必须仔细扫描所处的组织环境和外部环境才能做出正确的战略选择[208]。环境切实地影响到了企业战略的选择，同时环境和战略制定之间的相互关系直接影响到了企业的绩效。权变战略管理学者进一步研究表明环境对竞争战略与企业绩效关系存在调节效应（Covin, Slevin, 1988；Lee, Miller, 1996, Griffith et al. , 2006 等）。

对环境的研究，一些学者采用单维度概念研究环境的不确定性对竞争战略与企业绩效关系的调节作用。难以用概率表示、缺乏因果关系、无法预知结果是不确定性事件的特征。不确定作为组织环境的一个重要特征，对组织决策、战略选择、组织结构设计等都有重要影响。经济学家从风险角度理解不确定性，系统理论研究从复杂性角度认识不确定性，认为不确定性之所以与复杂性不同是因为其具有动态的特性，它着眼于说明事物的属性或状态是不稳定的、无法确定的、无法准确预测的（王益谊等，2005）[209]。环境不确定性来自于外部环境，也与决策者的能力和知识相关。

然而，环境不确定性具有多个维度，不同的环境维度对竞争战略绩效关系的调节效应是不同的，需要区别对待。关于环境维度的划分，相关的研究比较丰富，对其表述繁杂多样，如动态性、稳定性、复杂性、异质性、宽松性、敌对性、竞争性等。其中，戴斯和比尔德（1984）[210]的分类比较经典，被众多学者采用。戴斯和比尔德（1984）根据将环境特征分为三个维度：动态性、复杂性和宽松性。环境的动态性主要着眼于环境变化的速率和不稳定性；复杂性是指决策过程中考虑到的环境因素的数量和性质；宽松性是指环境中的竞争强度、资源约束与威胁。本书借鉴此分类法分别考察环境的动态性、复杂性和宽松性对竞争战略与企业绩效关系的调节作用。关于环境的维度表述，一般认为，动态性和稳定性是一组相反的概念；复杂性和异质性近似表达同一含义，其近似反义概念是集中度；宽松性的近似反义概念是竞争性与敌对性。图3-2是环境调节作用的概念模型。

图3-2 环境调节作用的概念模型

环境动态性是与公司环境中不可预测变化的速率相关，这些不稳定性来源于持续的变化（Keats & Hitt，1988）[211]。企业经营环境的动态性表现在许多方面，例如，政治、经济、技术、文化、竞争格局的变化发展，等等。在全球化和信息技术条件下，环境的动态性特征更加明显。在高动态环境中，消费者喜好和竞争者产品的频繁变化要求企业不停地创新或市场侵占，从而使消费者相信其新产品或现有产品的优越性。换句话说，频繁变化的环境适合差异化战略提供相关或更有吸引力的产品（Miller，1991）[212]。差异化战略具有更强的创新性和冒险性，这些倾向较适合动态环境（张映红，2008）[213]。相反，低成本战略更加适合稳定、可预测的环境。为了维持低单位成本，可能需要大额固定资产投资，稳定的环境使投资风险达到最小（Miller & Friesen，1986）。不稳定的变化需要对产品和工艺进行太多的改造，也会使长期积累的经验化为乌有，这有悖低成本战略的要求。因此，提出如下假设：

H10a：在动态性高的环境中，低成本战略与企业绩效的关系将减弱。

H10b：在动态性高的环境中，差异化战略与企业绩效的关系将增强。

环境复杂性是指公司细分市场中顾客需要和期望的多样化、竞争的多样性和技术的多样性等（Miller & Friesen，1983[214]；Dess & Beard，1984）。低复杂性意味着影响公司经营的因素相对简单，高复杂性意味着公司处于多样化的市场和需求环境中（如多样化和全球经营的公司），这些多样性使公司战略决策的难度加大，但同时也为公司提供了开发细分市场和新市场的机会，支持公司产品线的扩展和延伸，为公司创新留下较大的空间。处于复杂性环境中的公司，其竞争优势在于提供的产品、服务的差异化和特色；在简单环境里，规模经济、技术能力和先动优势对于公司的战略优势具有决定性的意义。因此，高复杂性环境中，差异化战略有更好的绩效表现；低成本战略更适宜于复杂性低的环境。因此，提出如下假设：

H10c：在复杂性高的环境中，低成本战略与企业绩效的关系将减弱。

H10d：在复杂性高的环境中，差异化战略与企业绩效的关系将增强。

环境宽松性指由竞争多面性、力度和强度，以及企业主要产业的上升和下降引起的对企业威胁的程度（Miller & Friesen，1983）。环境宽松性特征有两方面内涵，一是所需资源的稀缺程度，二是竞争激烈程度（Covin & slevin，1989）[215]。在宽松性低的环境中，有效资源的限制使企业只能关注提高经营效率以降低成本，而无须（也无能力）监视和生产消费者的变化需求（Hambrick，1983；Miller，1991；Ward，Bickford，Leong，1996）；而高宽松性环境提供了创新和差异化所需的资源（Ward，Bickford，Leong 1996）。因此，宽松性低的环境更适宜于低成本战略，而宽松性高的环境适宜于差异化战略。

吴学良等（2007）以2001～2002年全球经济衰退为背景，对来自30个国家32个行业共1054个样本进行研究，考察环境敌对性对竞争战略—绩效关系的调节作用。实证结果表明在经济衰退期，差异化导向型企业绩效不如效率导向型（低成本）企业；差异化不一定能提高利润率，其原因是在敌对环境下缺乏市场机遇且竞争过于激烈导致通过差异化追求独特的竞争优势并不能立即产生效益。当然，也有部分学者持相反的观点，其实证研究发现，在竞争性强的环境中，创新冒险的进取型战略具有高的绩效；而在宽松的环境中，保守型企业具有较高的绩效（Covin & Slevin，1989）。创新冒险常常与差异化战略相联系，而保守则是成本领先战略的特征（薛红志，2005）。本书暂且采信米勒（1991）等多数学者的观点，提出如下假设：

H10e：在宽松性高的环境中，低成本战略与企业绩效的关系将减弱。

H10f：在宽松性高的环境中，差异化战略与企业绩效的关系将增强。

环境三个维度特征对竞争战略与企业绩效关系的调节作用见图 3 - 3 的细化模型。

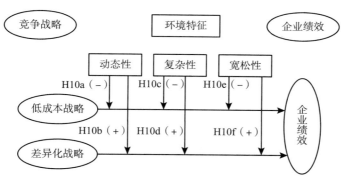

图 3 - 3　环境调节作用的细化模型

3.7　模型与假设小结

基于上述理论及相关研究，本书共提出了 17 个假设，包括竞争战略与创新行为的关系、创新行为与企业绩效的关系、竞争战略与企业绩效的直接关系、创新的中介效应以及环境的调节作用，具体如表 3 - 4 所示。

表 3 - 4　　　　　　　　　　本书研究假设总结

假设编号	假设描述
H1a	实施低成本战略有利于开展渐进创新
H1b	实施低成本战略有不利于开展突破创新
H2a	实施差异化战略有利于开展突破创新
H2b	实施差异化战略有不利于开展渐进创新
H3	渐进创新对企业绩效有正向影响
H4	突破创新对企业绩效有正向影响
H5	渐进创新对突破创新有正向影响
H6	低成本战略对企业绩效有直接的正向影响
H7	差异化战略对企业绩效有直接的正向影响

续表

假设编号	假设描述
H8	渐进创新在低成本战略与企业绩效关系中起中介作用
H9	突破创新在差异化战略与企业绩效关系中起中介作用
H10a	在动态性高的环境中，低成本战略与企业绩效的关系将减弱
H10b	在动态性高的环境中，差异化战略与企业绩效的关系将增强
H10c	在复杂性高的环境中，低成本战略与企业绩效的关系将减弱
H10d	在复杂性高的环境中，差异化战略与企业绩效的关系将增强
H10e	在宽松性高的环境中，低成本战略与企业绩效的关系将减弱
H10f	在宽松性高的环境中，差异化战略与企业绩效的关系将增强

本研究试图探析基本竞争战略对企业绩效的影响机制，将企业的创新划分为渐进创新和突破创新，具体研究低成本战略和差异化战略与两类创新及企业绩效之间的关系。

根据上述理论分析，本书认为竞争战略对企业的创新行为有显著的正向影响，具体来看，低成本战略有利于企业的渐进创新而不利于突破创新；差异化战略有利于突破创新。并且，企业的创新行为对企业绩效有显著的正向影响，具体来看，渐进创新和突破创新对企业绩效有显著的正向影响。这样，企业的创新行为在竞争战略与企业绩效关系之间起中介作用，具体来看，渐进创新在低成本战略与企业绩效之间起显著的中介作用；突破创新在差异化战略与企业绩效之间关系起中介作用。

另外，针对中国制造企业的现实背景，本研究引入了环境特征，并且认为环境特征对竞争战略与企业绩效之间的关系起显著的调节作用。具体来看，环境的动态性、复杂性和宽松性分别对低成本战略与企业绩效之间的关系起显著的调节作用；环境的动态性、复杂性和宽松性分别对差异化战略与企业绩效之间的关系起显著的调节作用。

基于上述分析，本研究初步构建了企业竞争战略对企业绩效影响机制的概念模型，如图3-4所示。此概念模型包含了竞争战略对企业绩效的直接影响、基于创新中介的间接影响和环境特征对二者关系的调节影响。

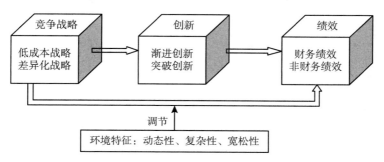

图 3 - 4   竞争战略对企业绩效的影响机制模型

第 4 章

实 证 研 究

根据本书第 3 章所提出的企业竞争战略对企业绩效的影响机制理论模型及研究假设，本章采用尽量选取国内外文献已发展出来的量表，再根据本书的研究目的加以修改，来设计调查问卷的测量指标和题项，并选取一定数量的调查样木，进行样本数据的收集。借助于最常用的统计分析工具 SPSS，进行数据的描述性统计和测量的信度、效度分析，通过结构方程模型的软件工具 AMOS 对企业竞争战略对企业绩效的影响机制理论模型及研究假设进行验证与分析。

4.1 研究方法设计

4.1.1 量表设计

问卷设计的最高层次是问卷量表的构思与目的，不同的目的和理论依据决定了问卷项目的总体安排、内容和量表构成（王重鸣，1990）[216]。由于本研究所需数据无法从公开资料中获得，因此，本研究的数据收集采用了问卷调查的方式。参考部分学者（Churehil1，1979；Dunn，Seaker & waller，1994；Gerbing & Anderson，1988）[217][218][219] 的建议，本问卷测度题项的开发采取如下流程：（1）通过文献回顾和对企业界的调查和访谈形成初始测度题项；（2）与学术界专家讨论修改测度题项；（3）与企业界专家进一步讨论修改测度题项；

（4）通过预测试对测度题项进行纯化以最终确定问卷题项。依此建议，本研究的问卷设计经历了以下过程（刘雪锋，2007）[220]：

第一阶段：设计测度题项。笔者查阅了大量有关企业低成本战略、差异化战略、企业创新行为、环境测度及企业绩效的相关研究文献，借鉴了相关理论研究的理论构思和实证研究中构思的测度，并结合本研究所采用的企业的竞争战略如何影响企业绩效的视角，设计了相关测度题项。丘吉尔（Churchill，1979）研究发现多题项测度在具有一致性情况下能够提高信度，因此，本文问卷涉及的变量都使用多题项测度以此提高测度的信度和效度。

第二阶段：与学术界专家讨论修改测度题项。学术界专家包括长期研究战略管理与创新管理的教授 2 名、副教授 3 名、博士 3 名。咨询的内容包括：（1）就所测度的变量之间的逻辑关系，征询专家的意见；（2）就测度变量题项的设计，征询专家的意见。具体包括题项措辞、题项归类、题项删除、题项增加等。根据学术界专家的意见对问卷初稿进行了修改，形成调查问卷第二稿。

第三阶段：与企业界专家讨论修改测度题项。本研究选取了 3 家制造企业（丰原集团丰原生化有限公司、江淮汽车集团有限公司、上海弘山服装厂），分别与这 3 位企业的中高层管理人员进行了深入访谈。访谈目的包括三个方面：（1）就变量之间的关系征询被访谈者的意见，以检验本研究的逻辑设计；（2）就初始量表征询被访谈者的意见，以检验量表中变量的测度能否被企业理解，是否与企业实际相符合。根据企业界专家的意见对问卷二稿进行了进一步修改，形成调查问卷第三稿。

第四阶段：通过预测试确定最终问卷测度题项。将问卷发给 6 位企业中高层管理人员进行预测试，根据他们的反馈和建议，对一些测量题项的语言和表达方式进一步修改，在此基础上形成了调查问卷的最终稿，详见本书附录。

由于本调查问卷的大多数题项采用李克特（Likert）七级量表来测度，问卷应答者的回答主要建立在主观评价之上，因此可能会导致问卷测度不准确，出现偏差。富勒（Fowler，1988）[221]发现主要有 4 个原因可能会导致问卷应答者对题项作出非准确性的回答，这些原因有：应答者不知道所提问题答案的信息；应答者不能回忆所提问题答案的信息；虽然知道这些问题答案的信息，但是应答者不想回答这些问题；应答者不能理解所提问题。虽然无法完全消除上述四个因素可能带来的问题，但是通过采取一定的措施可以有效减少这些因素可能带来的负面影响（胡保亮，2007）[222]。

（1）为消除第一种原因可能带来的负面影响，本研究对问卷应答者在该企业的工作年限设置了标准，即问卷应答者应该至少在该企业工作满三年。这也构成了判断问卷是否是有效问卷的一个标准。此外，笔者给予问卷应答者相对较长的时间，这样，对于不清楚的问题，问卷应答者可以向相关人员咨询以作出较为准确的回答。

（2）为消除第二种原因可能带来的负面影响，结合本研究的需要，问卷题项所涉及的问题都是针对企业近三年的情况且是主观评价，以尽量避免由于记忆问题所引起的偏差。

（3）为消除第三种原因可能带来的负面影响，本研究在问卷的卷首语告知应答者，问卷数据仅用于学术研究，内容不涉及商业机密问题，不会用于任何商业目的，并承诺对应答者提供的一切信息保密。

（4）为消除第四种原因可能带来的负面影响，本调查问卷设计过程中，广泛听取企业界专家和学术界专家的意见，并对问卷进行了预测试，对问卷的措辞进行修改，尽量排除题项难以理解或者意义含糊不清的情况发生。另外，问卷中标明了笔者的姓名和通讯方式，以便应答者在不理解问题题意的情况下与作者联系，减少了由于不理解某些题项的含义而带来问题。

4.1.2 变量测度

由于本研究所涉及的变量大多难以量化，因此，本研究主要采用李克特七级量表打分法加以测度。1~7 表示从"低到高"依次过渡，分别为"非常低、低、较低、一般、较高、高、非常高"；或者从"不同意到同意"过渡，分别为"完全不同意、不同意、有些不同意、中间态度、有些同意、同意、完全同意"。

在相关文献的基础上，本研究分别竞争战略、企业创新、环境、企业绩效以及控制变量进行了测度。

1. 竞争战略

戴斯和戴维斯（1984）较早实证研究竞争战略类型的测度问题，他们分析总结出 21 种竞争方法，设计了一份度量竞争战略类型的量表。随后的研究，其指标集大部分是以戴斯和戴维斯（1984）设定的 21 个竞争方法为基准并根据所研究对象的特征进行适当的调整，本节对涉及竞争战略测度的相关研究进行整理，并将最重要的 20 多篇文献关于竞争战略测量的研究成果归纳到表 4－1 中。

表 4－1　　　　　　　　　　竞争战略测量的代表性研究

序号	作者，年份	竞争战略的测量题项
1	戴斯和戴维斯，1984	新产品开发、顾客服务、运营效率、产品质量控制、训练/培训员工、维持较高的库存水平、竞争力的价格、宽范围的产品、发展/完善已有的产品、品牌识别、营销技术和方法的创新、分销渠道控制、原材料获得、最小化使用外部资金、服务特定区域市场、制造特殊产品的能力、在高价细分市场的产品、广告、在产业内的声誉、预测市场增长、制造过程创新。
2	怀特·罗德里克，1986	成本领先战略。输入要素方面：低成本原材料、劳动力、持续必需的资本投入；过程方面：测量设施有效性、生产员工技能、低消耗高产出、劳动生产率、供应链；产品或服务方面：容易制造、资本密集；分销方面：判断顾客有效性、简单产品线、价格区别。 差异化战略。输入要素方面：产品技术、创造发明；过程方面：柔性、质量；产品或服务方面：技术服务、风格、独特性、质量/信任、形象、产品变化；关联服务：可获得性、金融、保障、市场调研；分销方面：判断顾客有效性、简单产品线、价格区别。
3	金和里姆，1988	新产品开发、运营效率、高产品质量、产品差异化、营销差异化、获得高素质的劳动力、规模经济、广告、原材料的获得、高价格产品、信贷营销和折扣、扩展营销渠道、企业和产品形象建立、强调特殊市场、后续服务。
4	舒乐和杰克逊，1989	低成本战略：最大化运营效率、高产品质量控制、稳定原材料、制造过程创新；差异化战略：品牌识别、营销创新、控制分销渠道、广告效果、预测市场增长。
5	罗宾逊和皮尔斯，1988	价格低于竞争者、新产品开发、扩大产品范围、顾客服务能力、特殊训练的技能人员、严格产品质量控制过程、低成本的关心、维持高存货水平、窄的有限范围的产品、建立产品识别、发展和精炼已有产品、分销渠道强的影响、确保原材料的有效性、基于产品过程导向 R&D 研发、特定地理市场、促销广告、强调制造特殊产品、建立声誉、制造过程创新、高价细分市场的产品、低价细分市场的产品、营销技术和方法创新。
6	纳亚尔，1993	低成本战略：制造流程的改进和创新、产品成本削减、重视运营效率以及成本控制、低于竞争对手的定价、销售促销、对原材料成本的管理；差异化战略：品牌、多功能产品的提供、高质量、广告、营销创新、建立并维护企业声誉、提供多种消费者服务、新产品开发、分销渠道的影响、瞄准高端细分市场。

续表

序号	作者，年份	竞争战略的测量题项
7	比尔和亚赛阿德卡尼，2000[223]	研发新产品、销售新产品、销售高价产品、获得专利/版权、创新营销技术、建立品牌/企业形象、广告/促销项目、确保可靠的分销渠道、改进现有产品、生产宽范围产品、效率和生产率改进、新制造过程、改进现有的制造过程、减少整个企业成本、减少主要的制造成本、严格质量控制、在产业中最好的制造过程、任何地方最好的生产过程、快速解决顾客问题、基于满足顾客期望的缺陷改进、新顾客服务、改进现存的顾客服务、改进销售力表现。
8	坎贝尔·亨特，2000	广告、品牌识别、渠道影响、市场创新、促销、销售压力、声誉、高价格、新产品、改进产品、特殊产品、产品质量、质量控制、服务质量、物资采购、经过训练的员工、制造创新、运营效率、单位成本降低、现代设备、产品宽度、顾客宽度。
9	彼特·沃德和丽贝卡·杜雷，2000[224]	成本领先战略：运营效率、竞争力的价格、原材料采购、最大限度地减少外部融资、降低产品特性的数量、并降低产品成本； 差异化战略：新产品开发、品牌标识、营销技术和方法、在产品和服务的创新、广告、在业界的声誉、预测市场发展。
10	格斯里等，2002[225]	成本、价格竞争、研发支出占销售总额的比重、营销投入占销售总额的比重、产品或服务的质量、品牌形象、产品或服务特性、售后服务。
11	金等，2004	宽产品范围、新产品开发、广阔的顾客服务能力、研发投入、对市场的反应、尽早捕捉顾客需要、顾客类型、持续关心最低销售和管理花费、强调利基市场、企业和产品形象建立、重视无形资产、主要产品的平均年龄、服务特殊地理市场、强调特殊市场、规模经济、有效的采购、低价格。
12	罗亚东和赵洪鑫，2004[226]	成本领先战略：获得原材料的效率、强调寻找削减成本的方式、运营效率水平、生产能力的利用水平、强调价格竞争； 集聚战略：产品的独特性、十分清晰的目标市场划分、为高端市场提供产品、提供市场特殊产品； 差异化战略：强调使用新技术、强调新产品开发、新产品上市率、新产品数量、广告密度、培养营销能力、重视品牌识别。
13	艾伦和赫尔姆斯，2006	产品差异化战略：市场技术和方法的创新、预测新市场增长、预测现存市场增长、利用广告、加强创新和创造、发展品牌识别、改进现存的产品或服务、在产业内建立一个正向声誉、加强市场营销人员培训、发展一个宽范围的新产品或服务、建立高市场份额； 成本领先战略：致力于成本削减、严格控制管理费用、最小化分销费用。
14	汉森、埃里克、地布莱尔和科雷，2006	生产过程创新、投资新研发设施为获得竞争优势、比竞争者更高的生产效率、在基础研究领先、根据各个顾客订单设计或生产、顾客服务（包括售后服务）、对顾客订单的快速反应、比竞争者更高的产品标准、生产特别的产品、开发新产品、强调高价细分市场的产品、改进现存产品的外观和性能、发展品牌识别、对分销渠道的有效控制、营销技术创新、低成本分销系统。

序号	作者，年份	竞争战略的测量题项
15	艾伦等，2006	营销技术和方法创新、发展品牌识别、改进存在产品或服务、在某一范围内发展一款新产品或服务、预测新市场增长、预测现有市场增长、广泛训练营销人员、在产业内建立技术领先声誉、建立高市场份额、提供特殊产品或服务、为高价格市场生产产品或服务、控制产品或服务质量、提供优质顾客服务、改善运营效率、严格控制成本、致力于成本削减、与供应商合作、利用广告战略、竞争性价格、严格管理一线人员、广泛训练一线人员、广泛训练营销人员。
16	阿莫亚科·吉亚姆帕和阿库瓦，2007	低成本战略：竞争性价格、原材料获得性、降低产品成本、最小化运营成本；差异化战略：广告重要性、开发创新性营销技术、影响/控制分销渠道、利用高技能销售人员/代理商、顾客服务、产品质量。
17	阿库瓦和亚赛·阿德卡尼，2008	差异化战略：开发新产品或服务、升级或改进现有产品、强调产品或服务的高价位细分市场、改善现有的客户服务、产品和服务的营销创新、产品和服务的广告和推广、建设和提高品牌或公司形象、提供特色产品、有效控制分销渠道；低成本战略：提供的产品或服务的范围广泛、经营效率、提供有竞争力价格的产品和服务、预测销售市场的增长、强调控制经营和管理费、生产过程或提供服务的创新、强调高品质标准或高品质的服务。
18	爱娃·派尔托萨·奥尔特伽等，2009[227]	成本领先战略：最大限度地减少一般费用、生产成本最小化、比竞争对手更低的成本、规模经济、过程自动化、生产率的提高、比竞争对手低价格、费用标准、最小的广告费用、成本中心；营销差异化战略：大力促销、加强销售力量、广告活动、品牌形象、配套服务广告成本比例、市场份额；创新差异化战略：领导者或跟随者、产品创新的频率、高质量、渐进创新数量、过程创新的频率、专利数量、配送效率。
19	刘睿智、胥朝阳，2008	低成本战略：总资产周转率、固定资产周转率、员工效率；差异化战略：毛利率、营销费用收入比、研发费用营业收入比。
20	张正堂，2008	10 个题项，参照 Bea & Lawler（2000），文章没有具体列出。

资料来源：部分资料来源于南京航空航天大学经济与管理学院竞争力研究中心竞争战略研究团队。

　　本研究也主要以戴斯和戴维斯（1984）的量表设计为基础加以修改，共有 16 个题项，具体测度的项目见表 4-2。

表 4 - 2　　　　　　　　　　　　本研究对竞争战略的测度

竞争战略	题项	来源（序号对应文献见表4-1，√表示该文献采用对应指标）																	
		1	2	3	4	5	6	7	8	9	10	11	12	13	14	15	16	17	18
低成本战略	重视有竞争力的价格	√				√				√	√	√	√			√	√	√	√
	重视对成本的控制					√	√	√	√	√			√		√				√
	重视对制造过程创新	√			√	√	√	√					√		√				
	重视企业运营效率	√	√	√		√				√									
	重视员工训练学习	√	√			√				√						√			
	重视低价原材料获取	√	√	√					√				√				√		
	重视改进现有产品	√						√								√			
	重视产品质量控制					√												√	√
差异化战略	重视开拓新产品	√		√		√				√			√						
	重视高价细分市场的产品	√		√		√			√				√	√			√		
	重视企业产品品牌	√	√			√	√					√	√				√		√
	重视广告			√		√						√	√						
	重视提供独特的产品	√		√		√				√									
	重视研发与自主创新					√				√	√	√							
	重视营销技术	√	√				√	√	√					√		√	√		
	重视分销渠道的控制	√			√	√											√	√	

2. 企业创新行为

"关于渐进性创新和突破性创新的界定是从创新程度和影响范围进行区别的，相关文献在创新领域已属少数"[228]，而对渐进性创新和突破性创新进行实证测度的文献更是稀少。艾特列等（Ettlie et al.，1984）、迪尤尔和达顿（Dewar & Dutton，1986）[229]较早对渐进式创新和突破创新研究进行定义和测量，但设计的测度题项比较简单和直接。

盖提格伦等（Gatignon，et al.，2002）[230]只对突破性创新进行了度量，设计了5个题项：建立在革命性的技术改变上、是突破性的变革、生产出用旧技术难以替代的新产品、代表最主要的技术进步、在以前技术基础上的微小进步（反向指标）。

穆罕·苏布拉马尼亚姆和马克·扬恩德特（Mohan Subramaniam & Mark A. Youndt, 2005）[231]基于艾特列等（1984）、迪尤尔和达顿（1986）的对渐进性创新和突破性创新的界定和分析，设计了多个题项测度渐进创新和突破创新，比较符合对潜变量测度的间接性要求。穆罕·苏布拉马尼亚姆和马克·扬恩德特（2005）从企业的创新改进了原有的产品线和服务、企业的创新强化了公司的技术能力、企业的创新强化了公司的现有竞争力三个方面测度企业渐进创新的程度；从企业的创新使原有的产品变得过时、企业的创新使产品的主要性能指标发生很大变化、企业的创新使得原有的知识技能变得过时三个方面测度企业突破创新的程度。

孙永风等（2007）参照艾特列等（1984）及迪尤尔和达顿（1986）在对渐进式创新和突破性创新研究时所做的定义，设计了 3 个题项来测度渐进创新：创造和引入产品的新类型、改进现有产品和工艺、开发利用已有的技术和能力；设计了 4 个题项来测度突破创新：在企业和市场上引入全新的产品、在企业创新中引入全新理念、在创新中引入和开发了新的技术、创造全新的技术和工艺扩展现有市场。

赵文红、李垣（2008）[232]参照克里斯滕（Christine, 1997）和阿图阿亨·吉姆（Atuahene - Gima, 2005）[233]等人的界定，设计了 4 个题项来测度渐进创新：与竞争者比，开发更多新的样式、改进现有工艺产品、更多应用现有技术、较多引入渐进创新产品；设计了 5 个题项来测度突破创新：与竞争者比，创造的全新产品多、新产品中引入全新功能程度高、开发新技术并引入行业内、是新技术与新工艺的创造者、常在全新市场中引入突变创新。

汤浩瀚（2008）对渐进性创新的度量，借鉴了宋和蒙托亚·威斯（Song & Montoya - Weiss, 1998）[234]的量表，采用 3 个题项测量渐进型创新：公司在式样、服务等方面创造新产品在市场中销售，公司在现有技术基础上经常改进提高技术，公司经常进行现有工艺流程的改进和提高；对突变型创新的度量本研究借鉴了盖提格伦等（2002）的量表，采用 4 个题项测量突破型创新：创造在性能上全新的产品在市场中销售、在产品的研制上经常应用最新理念、是本行业中开发和引入全新技术的企业、企业是新工艺或技术的创造者。

陈建勋等（2009）借鉴了穆罕·苏布拉马尼亚姆和马克·扬恩德特（2005）的量表体系，经 508 份中国制造业的实证验证，表明此量表体系具有很高的效度和信度。

参照一些学者对渐进式创新和突破创新研究时所做的定义和测量，主要结合孙永风等（2007）的研究，本研究设计 8 个题项来衡量创新（如表 4-3 所示）。渐进式创新从 4 个方面来衡量：（1）创造和引入产品的新类型；（2）提高已有的技术在多个相关业务领域的适用性；（3）利用已有的技术引入新产品；（4）公司经常进行现有工艺流程的改进和创新。突破创新从 4 个方面来衡量：（1）在产品的研制上经常引入全新理念；（2）创造在性能上全新的产品在市场中销售；（3）在创新中引入和开发全新技术；（4）创造全新的技术和工艺扩展现有市场。

表 4-3   本研究创新行为的测度

创新类型	题项	来源
渐进创新	创造和引入产品的新类型	孙永风等（2007）；赵文红，李垣（2008）；汤浩瀚（2008）
	利用已有的技术引入新产品	孙永风等（2007）；汤浩瀚（2008）
	现有工艺流程的改进和创新	穆罕·苏布拉马尼亚姆和马克·扬恩德特（2005）；孙永风等（2007）；赵文红，李垣（2008）
	对已有的技术进行改良，以适应当前需要	穆罕·苏布拉马尼亚姆和马克·扬恩德特（2005）；汤浩瀚（2008）
突破创新	在企业创新中引入全新理念	孙永风等（2007）；赵文红，李垣（2008）；汤浩瀚（2008）
	在企业和市场上引入全新的产品	盖提格伦等（2002）；孙永风等（2007）；赵文红，李垣（2008）；汤浩瀚（2008）
	在创新中引入和开发了新的技术	盖提格伦等（2002）；孙永风等（2007）；赵文红，李垣（2008）；汤浩瀚（2008）
	创造全新的技术和工艺扩展现有市场	孙永风等（2007）；汤浩瀚（2008）

3. 企业绩效

企业绩效是指一定时期内对企业经营管理效益与效率以及对企业经营管理者经营管理成效的概括与汇总。研究文献中一般运用财务指标来测量企业绩效，如资产收益率、投资回报率、销售收益等。财务指标的普遍采用主要是因为资料获取方便，可以通过分析企业的年度财务报表获取所需数据。而且，由于遵循同样的财务会计制度，因而具有较强的可比性。但越来越多的研究发现，财务指标并不能全面地反映企业的经营状况，因而一些学者提出，除了财务指标外，一些非财务指标，如成长、品牌识别度、顾客满意度与忠诚度等，在反映企业绩效方面具有更深层次的意义。

文卡特拉曼（Venkatraman，1986）[235]提出了组织绩效测量分类的一个理论框架。他们从财务—非财务绩效和客观—主观（评价）绩效两个维度，把所有的组织绩效测量方法概括其中。墨菲、泰勒和希尔（Murphy, Trailer & Hill, 1996）[236]对 1987～1993 年创业研究领域所有以创业绩效为因变量的文献进行回顾发现，学者们对企业绩效的划分包括多个维度，其中考虑最多的三个绩效维度是效率（30%）、成长（29%）、利润（26%）。从数据来源来看 75% 采用客观数据指标，29% 采用主观评价指标，另外有 6% 采用主观、客观混合指标。

研究企业绩效的文献非常丰富，本节仅对波特竞争战略与企业绩效关系中涉及的企业绩效的测量进行总结，具体见表 4 - 4。从表 4 - 4 中可以看出，相关研究还是以财务绩效为主。

表 4 - 4　　　波特竞争战略与企业绩效关系研究中使用的企业绩效指标

作者，年份	绩效指标
戴斯和戴维斯，1984	年销售增长率、资产回报率
金和里姆，1988	资产报酬率、股权回报率、销售增长率
怀特·罗德里克，1986	投资回报率（ROI）、销售增长率（ASG）
罗宾逊和皮尔斯，1988	五年研究期间的销售收入增长率、资产回报率、销售收入回报率、总体绩效
比尔和亚赛·阿德卡尼，2000	销售收入回报率、投资回报率、资产回报率、收入增长率、利润增长率、总利润
坎贝尔·亨特，2000	财务回报、销售增长
格思里等，2002	劳动生产率
斯帕诺斯等，2004	价格成本差
金等，2004	收入、增长率、增长潜力、利润、总体绩效
艾伦和赫尔姆斯，2006	总收入增长、总资产增长、净收入增长、市场份额增长、总体绩效
阿库瓦和亚赛·阿德卡尼，2008	收入回报率、资产回报率

作者，年份	绩效指标
阿库瓦和亚赛·阿德卡尼，2008	三年期的与竞争对手相比的相对销售回报、资产回报率
蔺雷、吴贵生，2007	分盈利性指标和市场增长指标，盈利性指标包括总利润水平、销售利润率、资产收益率和产品价格；市场增长指标包括市场份额水平、市场份额年变化率、销售量年增长率
刘睿智、胥朝阳，2008	资产收益率（总、净）、主营业务销售收入增长率
张正堂、张伶、刘宁，2008	经营绩效参考 Delaney & Huselid（1996）的量表

本研究采用多指标衡量企业绩效，包括企业的财务绩效和非财务绩效，共设计了 6 个题项，具体见表 4 - 5。

表 4 - 5　　　　　　　　　　本研究对企业绩效的测度

绩效	题项	来源
财务绩效	企业对投资报酬率的满意度	戴斯和戴维斯（1984），等等
	企业对销售利润率的满意度	比尔和亚赛·阿德卡尼（2000），等等
	企业对现金流量运营的满意度	汤浩瀚（2008），等等
非财务绩效	企业对市场占有率的满意度	艾伦和赫尔姆斯（2006），等等
	客户对企业产品的满意度	汤浩瀚（2008），等等
	员工对企业和工作的满意度	汤浩瀚（2008），等等

4. 环境特征

对环境的研究，一些学者采用单维度概念研究环境的不确定性对竞争战略与企业绩效关系的调节作用。然而，环境不确定性具有多个维度，不同的环境维度对竞争战略绩效关系的调节效应是不同的，需要区别对待。关于环境维度的划分，相关的研究比较丰富，对其表述繁杂多样，如动态性、稳定性、复杂性、异质性、宽松性、敌对性、竞争性等。关于环境的维度表述，一般认为，动态性和稳定性是一组相反的概念；复杂性和异质性近似表达同一含义，其近似反义概念是集中度；宽松性的近似反义概念是竞争性与敌对性。

其中，戴斯和比尔德（1984）的分类比较经典，被众多学者采用。他们将环境特征分为三个维度：动态性（Dynamism）、复杂性（Complexity）和宽松性（Munificence），并设计了 15 个指标来表征环境不确定的三个维度。戴斯和比尔德（1984）用总销售的稳定性、价格成本盈余的稳定性、总员工的稳定性、技术的稳定性、制造附加值的稳定性 5 个指标测度环境的动态性；用投入集中度、产品多样性、专门化率、产出集中度 4 个指标测度环境的复杂性；用总销售增长、价格成本盈余增长、总员工增长、制造附加值增长、制造实施数目增长、销售集中度 6 个指标测度环境的宽松性。许多学者也对环境的维度进行了测度，如米勒和弗里森（1983）、米勒（1991）、谭和李特斯柯特（1994）[237]、沃德等（1996）、吴学良等（2007）、李晶（2008）[238]、张映红（2008）等。

环境量表的设计比较成熟，本研究中环境的动态性、复杂性和竞争性的测量以戴斯和比尔德（1984）对环境维度的界定及米勒（1991）开发的量表为基础，并结合国内学者（李晶，2008；周培岩，2008 等）的研究设计了 14 个题项（见表 4 – 6）。环境动态性包括 5 个项目，分别是：企业改变市场营销策略的频率、公司产品或服务更新换代的速度、竞争对手的行动可预测的程度、顾客需求和口味可预测的程度、公司产品或服务的技术发展变化的程度；环境的复杂性包括 5 个题项：公司同时在多个市场提供产品或服务、公司所服务的各个市场间有很大差异、公司提供产品或服务的多样化、顾客需求的多样化、竞争行为与方式的多样化；环境的宽松性包含 4 个题项：公司所需的资源的获取难度、政府管制的严厉程度、供应商力量强大程度、价格竞争的激烈程度。

表 4 – 6　　　　　　　　　　本研究对环境的测度

环境特征	题项	来源
动态性	企业改变市场营销策略的频率	张映红（2008），周培岩（2008）
	公司产品或服务更新换代的速度	米勒（1991），谭和李特斯柯特（1994），李晶（2008），张映红（2008），周培岩（2008）
	竞争对手的行动可预测的程度	张映红（2008），周培岩（2008）
	顾客需求和口味可预测的程度	米勒（1991），谭和李特斯柯特（1994），李晶（2008），张映红（2008），周培岩（2008）
	公司产品或服务的技术发展变化的程度	米勒（1991），谭和李特斯柯特（1994），李晶（2008），张映红（2008）

续表

环境特征	题项	来源
复杂性	公司同时在多个市场提供产品或服务	米勒（1991），李晶（2008）
	公司所服务的各个市场间有很大差异	米勒（1991），李晶（2008）
	公司提供多种不同的产品或服务	米勒（1991），李晶（2008）
	顾客需求越来越多样化	米勒（1991），李晶（2008）
	竞争行为与方式越来越多样化	米勒（1991），谭和李特斯柯特（1994），李晶（2008）
宽松性①	公司所需的资源获取的难度	米勒（1991），谭和李特斯柯特（1994），李晶（2008）
	政府管制的严厉性	米勒（1991），谭和李特斯柯特（1994），李晶（2008）
	供应商力量的强大程度	米勒（1991），谭和李特斯柯特（1994），李晶（2008）
	价格竞争的激烈程度	周培岩（2008）

4.1.3 数据搜集

问卷的受访者要求具有中高层管理身份、参与企业战略规划与决策，能够全面准确把握企业的战略行为等信息。问卷内容除竞争战略、创新行为、环境特征与企业绩效等内容，还包括企业的一些基本信息，以检验样本的代表性。

本次调研在国家自然科学基金项目支持下，从问卷的预调研、专家对问卷的修正到正式调研结束，共经历 6 个月的时间。调研方式有三种：一是调研者到江苏、上海、北京、安徽等地之高校，联系高校之 MBA、EMBA 班级进修人员，确认其为企业中高层管理人员（能够清晰参与或了解所在企业的战略决策情况）后，请其填写问卷。这种调研方式可以快速、集中获得大量问卷。二是根据中国企业名录，随机抽取 200 多个有联系方式的企业，通过电子邮件或纸

---

① 题项内容的数值越大，则表示环境越不宽松。因此，在后文数据处理中，用 "8 - 该题项数值" 来表示环境的宽松性，"8 - 该题项数值" 数值越大，则表示环境越宽松。

质邮寄调研问卷，本次调研发现此种方式问卷回收率较低。三是由调研员深入到企业实地调研，共走访了 50 多个企业。此种调研方式效果最好，回答者可以与调研员适时交流，对题项理解不会产生偏差，调研员同时可以对竞争战略及其他问题作深度询问，为分析结果做辅助说明。但企业实地调研需大量时间、精力和经费。

本次调研共发放 600 份问卷，回收 266 份问卷。在 266 份问卷中 27 份问卷由于调研信息不完整而被排除，因此有效问卷是 239 份。问卷的总回收率为 44.33%，有效率为 89.85%。

4.1.4 分析方法与工具

本研究运用 SPSS 13.0 进行数据的描述性统计和测量的信度、效度分析，运用 AMOS 6.0 进行基于创新行为的中介效应整体模型检验，采用多元回归方程分析环境的调节效应。采用的分析方法如下。

1. 描述性统计分析

描述性统计主要对样本的基本资料，包括企业性质、行业、规模及被调查者职位等进行统计分析，说明各变量的均值、百分比、频度等，以描述样本的类别、特性以及分配比率。

2. 因子分析：信度和效度检验

信度（rellability）是指一组测量项对于测量项母体的测量结果具有的一致性和稳定性程度，通常采用一致性指数（Cronbach a）来衡量。本研究针对所有变量对应的测量问题的问卷题项，计算 Cronbach a 系数来进行信度检测。如果构面的 Cronbach a 值大于 0.7，显示问卷具有良好的信度（李怀祖，2004）[239]。按照 Nunnally 的经验判断方法，题项—总体相关系数（CITC）应大于 0.35，并且测度变量的一致性指数（Cronbach a）应该大于 0.70（Nunnally，1978，转引自胡保亮，2007）。本研究将计算每个变量的题项—总体相关系数，同时计算该变量的一致性指数，以评价变量测度的信度。

效度（vahdity）是指测量工具能正确测出其欲测量的特质之程度，体现所需测度对象性质的正确性程度，效度可以分为内容效度（contentvahdity）、效标关联效度（criteria-relatedvalidity）、结构效度（eonstructvalidity）三类（曾庆丰，2005）[240]。其中内容效度和效标关联效度的分析主要是体现在测量项及测量体系构建过程中，为了保证这方面的效度，本研究的测量项内容在理论综述中已查询相关研究，并结合本研究的分析加以修订，在此基础上与相关领域学者和企业界人士讨论后加以修正得出。结构效度则是评估测量工具效度的非常重要的指标，一般通过因子载荷量分析（factor loading analysis）来评估结构效度的质量，同时通过因子分析也可以简化与确定潜在被测变量的测量项基本结构，以便进行被测变量之间的相关性统计分析（曾庆丰，2005）。本研究采用因子分析方法以评价变量的结构效度。根据福内尔（1981）的建议，在做验证性因子分析时，各题项因子载荷的最低可接受值为 0.5 且需显著；依据马庆国（2002）[241]的建议，在做因子分析时，各题项因子载荷的最低可接受值为 0.5 且需显著。

3. 结构方程建模（SEM）

结构方程模型（structural equation modeling，SEM）是应用线性方程系统表示观测变量与潜变量之间，以及潜变量之间关系的一种统计方法（林嵩、姜彦福，2006）[242]。结构方程模型是近年来发展较快、应用越来越广泛的多变量分析方法，由于其对潜变量、测量误差和因果模型的处理能力，在心理学、教育学和社会学等研究中已经得到了广泛的应用（梁占东，2005）[243]。与传统的回归分析不同，结构方程分析能够同时处理多个因变量，并可以比较及评价不同的理论模型的优劣。与传统的探索性因子分析不同，在结构方程模型中，可以提出一个特定的因子结构，并检验它是否符合数据。结构方程建模（SEM）是指基于协方差矩阵研究变量间的关系，也称为协方差结构分析（Covariance Structure Analysis）。

结构方程模型的主要特征是：（1）允许回归方程的自变量含有测量误差；（2）可以同时处理多个因变量；（3）可以在一个模型中同时处理因素的测量和因素之间的结构；（4）允许更具弹性的模型设定。

结构方程模型主要包括测量模型（Measurement Model）与结构模型（Structural Model）。测量模型部分求出观察指标与潜变量之间的关系；结构模型部分求出潜在变量与潜在变量之间的关系。在结构方程模型中，对于所研究的问题，无法直接测量的现象记为潜变量（latent variable）或称隐变量；可直接测量的变量记为观测变量（manifest variable）或显变量。

应用结构方程模型进行统计分析具有五个主要步骤：（1）模型设定：即在进行模型估计之前，研究人员先要根据理论或以往研究成果来设定假设的初始理论模型。（2）模型估计：模型参数可以采用几种不同的方法来估计。最常用的模型估计方法是最大似然法和广义最小二乘法。（3）模型评价：在取得了参数估计值以后，需要对模型与数据之间是否拟合进行评价。（4）模型修正：如果模型不能很好地拟合数据，就需要对模型进行修正和再次设定。在这种情况下，需要决定如何删除、增加或修改模型的参数。通过参数的再设定可以增加模型的拟合程度。

本研究采用 AMOS 软件分析基于创新行为的中介效应整体结构方程模型。AMOS 是一个利用基于方差矩阵结构的潜变量对结构模型进行估计的软件包，这种方法通过多层路径分析对变量之间的直接、间接合不合理的相互关系进行了验证，它适用于存在潜变量的模型，用于说明它们之间的关系，同时验证模型的收敛性。

4. 多元回归方程分析

多元线性回归分析可以用来研究一个被解释变量（因变量）与多个解释变量（自变量）的线性统计关系（马庆国，2002）。本研究分析环境对竞争战略与企业绩效关系的调节效应时，没有采用结构方程模型，而是采用多元线性回归分析，基于以下几点考虑：（1）如果结构方程模型中同时包含渐进创新和突破创新的中介效应模型以及环境的动态性、复杂性和宽松性的调节效应模型，则模型过于复杂，不符合结构方程模型"简约"的要求，将会遭受一定的惩罚，模型效果可能不理想（邱皓政，2009；吴明隆，2009）[244]。（2）阿诺尔德（Arnold，1982）[245]等学者认为回归方程分析是一种适合于验证权变（调节）关系假设的研究技术，多数学者在研究变量的调节效应时都采用多元回归方程进行分析，如刘雪锋（2007）、张映红（2008）等。（3）本研究希望考虑到影响企业绩效的另外几个变量，如企业规模等，虽然这些变量不是本书的研究焦点，但是这些变量会对企业绩效产生影响，有必要在模型中进行相应的控制，这些控制变量在回归方程中较为容易实现。

4.2 基础数据分析

4.2.1 样本特征

从样本企业的地域分布看，来自江苏的企业占样本总数的 25.94%，来自北京、上海、中部地区的企业分别占 14.64%、21.34%、27.62%，样本中 10.46% 的公司来自其他各地。从样本公司的地区分布看，该样本具有较广泛的代表性。从行业结构分布看，涉及国家统计局行业分类标准（GB/T 4754 – 2002）中大部分制造业行业，其中，电子制造业、服装制造业、医药制造业和化学制造业分别占 23.43%、25.94%、12.13% 和 14.64%，其他制造业占 23.85%，具有较广泛的行业代表性。从企业规模来看，大型企业、中型企业及小型企业均有一定的分布，分别占样本总数的 17.99%、52.72% 和 29.29%。调查问卷回答者中，企业高层管理人员占 44.77%，中层管理人员占 55.23%，保证了问卷涉及的战略决策及相关问题回答的正确性（见表 4 – 7）。

表 4 – 7　　　　　　　　　　样本基本特征统计

特征	分类	样本数	百分比（%）	特征	分类	样本数	百分比（%）
企业性质	国有或控股	67	28.03	受访者职位	高层管理者	107	44.77
	民营	92	38.49		中层管理者	132	55.23
	外资或合资	80	33.47		基层管理者	0	0.00
企业规模	大型	43	17.99	受访者服务年限	5 年以下	63	26.36
	中型	126	52.72		5 ~ 10 年	109	45.61
	小型	70	29.29		10 年以上	67	28.03
企业所属行业	电子制造	56	23.43	企业地域	北京	35	14.64
	服装制造	62	25.94		上海	51	21.34
	医药制造	29	12.13		江苏	62	25.94
	化学制造	35	14.64		中部六省	66	27.62
	其他	57	23.85		其他	25	10.46

4.2.2　描述性数据分析

针对回收的 239 份有效问卷，检查各测量问项的平均值和标准差，以了解样本企业在各测量问项上的平均水平和变异情况，表 4 – 8 列出了低成本战略、差异化战略、渐进创新、突破创新、环境特征（动态性、复杂性、宽松性）及企业绩效各题项的描述性统计结果。从表 4 – 8 可以看出，各测量题项的评价值偏度绝对值小于 3，峰度绝对值小于 10，表明数据基本上服从正态分布，可以为下一步分析所用（Kline，1998；转引自黄芳铭，2005）[246]。

表 4 – 8　　　　　　　　　各题项的描述性统计分析

题项	最小值	最大值	均值	标准差	偏度	峰度
LOWC 1[①]	2	7	4.7750	1.2297	– 0.5042	– 0.1100
LOWC 2	2	7	4.3250	1.4916	0.1872	– 1.0365
LOWC 3	2	7	4.4750	1.3772	0.2407	– 0.6804
LOWC 4	2	7	4.4500	1.3578	– 0.0508	– 0.8213
LOWC 5	1	7	4.2250	1.3865	0.0601	– 0.3257
LOWC 6	2	7	4.5500	1.6787	0.0457	– 1.2219
LOWC 7	2	7	4.3750	1.4621	0.1303	– 0.7637
LOWC 8	1	7	4.4750	1.2808	– 0.4426	0.1092
DIFF 1	2	7	4.4250	1.4830	0.0543	– 0.5769
DIFF 2	2	7	4.3000	1.3436	– 0.1162	– 0.9306
DIFF 3	3	7	4.5000	1.1767	0.0994	– 1.1159
DIFF 4	2	7	4.6750	1.3847	– 0.2920	– 0.6595
DIFF 5	1	7	4.3250	1.6546	– 0.0148	– 1.0025
DIFF 6	2	7	4.2250	1.5440	0.2184	– 0.8886
DIFF 7	2	7	4.1500	1.4242	0.1707	– 0.7273
DIFF 8	2	7	4.4750	1.4848	0.0511	– 0.8772

① 为了表述的简洁，低成本战略的 8 个题项分别用 LOWC 1 ~ LOWC 8 表示，差异化战略的 8 个题项分别用 DIFF 1 ~ DIFF 8 表示，渐进创新的 4 个题项分别用 INCR 1 ~ INCR 4 表示，突破创新的 4 个题项分别用 RADI 1 ~ RADI 4 表示，环境特征的 14 个题项分别用 ENVI 1 ~ ENVI 14 表示，企业绩效的 6 个题项分别用 PERF 1 ~ PERF 6 表示。

续表

题项	最小值	最大值	均值	标准差	偏度	峰度
INCR 1	2	7	4.3750	1.0546	0.1402	0.0060
INCR 2	3	6	4.3000	1.0427	0.0657	−1.2345
INCR 3	2	7	4.5000	1.4676	−0.1793	−0.7987
INCR 4	2	7	4.3250	1.1410	−0.1431	−0.3407
RADI 1	2	6	4.3500	1.0513	−0.0690	−0.7015
RADI 2	1	7	4.3000	1.5225	−0.0340	−0.2273
RADI 3	2	7	4.5500	1.5013	−0.1252	−1.0827
RADI 4	1	7	4.2750	1.6639	−0.0053	−0.7061
PERF 1	3	7	5.1250	1.0424	−0.2614	−0.2939
PERF 2	2	7	4.6250	1.1252	−0.3286	−0.3618
PERF 3	2	6	4.1500	1.0513	−0.1749	−0.1431
PERF 4	3	7	5.1250	1.1137	−0.2583	−0.3865
PERF 5	3	6	4.8750	1.0175	−0.5069	−0.8088
PERF 6	3	7	5.1750	1.1959	−0.0710	−0.9369
ENVI 1	1	7	4.8500	1.3971	−0.5824	0.1150
ENVI 2	1	7	4.7000	1.5295	−0.3466	−0.5394
ENVI 3	1	7	4.4750	1.3685	−0.3718	−0.2004
ENVI 4	2	7	4.4500	1.2314	−0.1739	0.6372
ENVI 5	1	7	4.7750	1.3592	−0.6958	0.4692
ENVI 6	1	7	4.5250	1.3656	−0.1741	−0.6685
ENVI 7	1	7	4.4500	1.6288	0.0729	−1.0515
ENVI 8	1	7	4.3083	1.4482	0.0524	−0.9102
ENVI 9	1	7	4.2667	1.4652	0.0308	−0.6181
ENVI 10	1	7	4.4750	1.3218	0.1104	−0.5797
ENVI 11	1	7	3.9121	1.3302	−0.0753	−0.2574
ENVI 12	1	7	3.9791	1.2848	−0.0686	−0.3169
ENVI 13	1	7	4.0753	1.3263	−0.2047	−0.2534
ENVI 14	1	7	4.0711	1.2765	−0.0363	−0.3532

4.3 信 度 分 析

本研究采用一致性指数 Cronbach a 值及题项对变量所有题项的相关系数 CITC 检验概念模型中涉及变量测度的信度检验。另外，如果变量测度题项中某个项目被删除后，以其他项目所计算出的被删除后 a 值越高，就代表该项目应考虑被删除（林震岩，2007）[247]。表 4 – 9 摘录了信度检验的主要结果，从表 4 – 9 中可以看出，所有变量的一致性指数 Cronbach a 都大于 0.7，所有题项的 CITC 都大于 0.35，删除任何变量的任何题项后的 α 系数也无显著的提高。综合以上这些指标来看，所有变量量表的内部一致性较高，信度较好。

表 4 – 9   变量测度的信度检验结果

变量类别	题项	CITC	删除该项后 Cronbach a	整体 Cronbach a
低成本战略	LOWC 1	.686	.928	.931
	LOWC 2	.843	.916	
	LOWC 3	.766	.928	
	LOWC 4	.787	.921	
	LOWC 5	.770	.922	
	LOWC 6	.777	.922	
	LOWC 7	.755	.923	
	LOWC 8	.733	.925	
差异化战略	DIFF 1	.666	.913	.918
	DIFF 2	.694	.910	
	DIFF 3	.815	.903	
	DIFF 4	.665	.912	
	DIFF 5	.794	.902	
	DIFF 6	.676	.912	
	DIFF 7	.787	.903	
	DIFF 8	.766	.904	

续表

变量类别	题项	CITC	删除该项后 Cronbach a	整体 Cronbach a
渐进创新	INCR 1	.681	.763	.821
	INCR 2	.614	.790	
	INCR 3	.632	.799	
	INCR 4	.698	.750	
突破创新	RADI 1	.816	.763	.837
	RADI 2	.620	.816	
	RADI 3	.816	.812	
	RADI 4	.696	.785	
企业绩效	PERF 1	.724	.890	.905
	PERF 2	.729	.890	
	PERF 3	.814	.877	
	PERF 4	.686	.896	
	PERF 5	.784	.882	
	PERF 6	.792	.838	
环境动态性	ENVI 1	.637	.789	.828
	ENVI 2	.706	.768	
	ENVI 3	.481	.832	
	ENVI 4	.693	.777	
	ENVI 5	.621	.794	
环境复杂性	ENVI 6	.721	.879	.896
	ENVI 7	.728	.879	
	ENVI 8	.766	.868	
	ENVI 9	.730	.876	
	ENVI 10	.792	.865	
环境宽松性	ENVI 11	.717	.719	.811
	ENVI 12	.530	.808	
	ENVI 13	.600	.777	
	ENVI 14	.675	.741	

4.4　效　度　分　析

KMO 样本充足度、Baetlett 球体检验及因子载荷系数作为效度评价标准，马庆国（2002）KMO 样本充足度测度用来检验量表中所有变量之间简单相关系数平方和与这些变量之间偏相关系数平方和的差值。其值越接近 1，表明越适合进行因子分析。而当 KMO 值小于 0.7 时，不太适合作因子分析；Baetlett 球形检验用来检验相关阵是否是单位阵，H0 为相关系数矩阵是单位矩阵。当 Baetlett 统计值的显著性概率小于等于 P 值时，拒绝 H0，即可作因子分析。另外，各题项之载荷系数大于 0.5 时，才可以通过因子分析将同一变量的各测试题项合并为一个因子进行后续分析（马庆国，2002），即该变量的测度具备有效性。

4.4.1　低成本战略效度分析

表 4 - 10 显示低成本战略量表的主成分因子分析的 KMO 值为 0.864（大于 0.7），Bartlett 球体检验统计值通过显著性检验（p < 0.001）表明数据适合做因子分析。表 4 - 11 的分析结果显示，只有一个因子被识别出来，与原构思符合，即低成本战略，该因子的特征根累计解释了总体方差的 67.937%。低成本战略变量的各题项的因子载荷系数均大于 0.5（最大值为 0.838，最小值为 0.758）。低成本战略通过效度验证，说明该变量的测量题项具有较好的结构效度。

表 4 - 10　　　　　　低成本战略 KMO and Bartlett's 检验结果

Kaiser - Meyer - Olkin Measure of Sampling Adequacy		.864
Bartlett's Test of Sphericity	Approx. Chi - Square	228.055
	df	28
	sig	.000

表 4 - 11   低成本战略因子分析结果

题项	因子载荷	该因子特征值的方差贡献率（%）
LOWC 1	.758	
LOWC 2	.758	
LOWC 3	.825	
LOWC 4	.838	67.937
LOWC 5	.827	
LOWC 6	.834	
LOWC 7	.817	
LOWC 8	.801	

4.4.2　差异化战略效度分析

表 4 - 12 显示差异化战略量表的主成分因子分析的 KMO 值为 0.891（大于 0.7），Bartlett 球体检验统计值通过显著性检验（$p < 0.001$）表明数据适合做因子分析。表 4 - 13 的分析结果显示，只有一个因子被识别出来，与原构思符合，即差异化战略，该因子的特征根累计解释了总体方差的 67.379%。差异化战略变量的各题项的因子载荷系数均大于 0.5（最大值为 0.869，最小值为 0.740）。差异化战略通过效度验证，说明该变量的测量题项具有较好的结构效度。

表 4 - 12   差异化战略 KMO and Bartlett's 检验结果

Kaiser - Meyer - Olkin Measure of Sampling Adequacy		.891
Bartlett's Test of Sphericity	Approx. Chi - Square	193.119
	df	28
	sig	.000

表 4 - 13   差异化战略因子分析结果

题项	因子载荷	该因子特征值的方差贡献率（％）
DIFF 1	.742	
DIFF 2	.769	
DIFF 3	.869	
DIFF 4	.740	64.379
DIFF 5	.858	
DIFF 6	.751	
DIFF 7	.846	
DIFF 8	.830	

4.4.3　渐进创新效度分析

表 4 - 14 的主成分因子分析的 KMO 值为 0.785（大于 0.7），Bartlett 球体检验统计值通过显著性检验（p < 0.001）表明数据适合做因子分析。表 4 - 15 的分析结果显示，只有一个因子被识别出来，与原构思符合，即渐进创新，该因子的特征根累计解释了总体方差的 66.395%。渐进创新变量的各题项的因子载荷系数均大于 0.5（最大值为 0.851，最小值为 0.781）。渐进创新通过效度验证，说明该变量的测量题项具有较好的结构效度。

表 4 - 14   渐进创新 KMO and Bartlett's 检验结果

Kaiser - Meyer - Olkin Measure of Sampling Adequacy		.785
Bartlett's Test of Sphericity	Approx. Chi - Square	55.247
	df	6
	sig	.000

表 4 - 15   渐进创新因子分析结果

题项	因子载荷	该因子特征值的方差贡献率（％）
INCR 1	.830	
INCR 2	.781	66.395
INCR 3	.795	
INCR 4	.851	

4.4.4 突破创新效度分析

表 4 – 16 的主成分因子分析的 KMO 值为 0.781（大于 0.7），Bartlett 球体检验统计值通过显著性检验（p < 0.001）表明数据适合做因子分析。表 4 – 17 的分析结果显示，只有一个因子被识别出来，与原构思符合，即突破创新，该因子的特征根累计解释了总体方差的 67.762%。突破创新变量的各题项的因子载荷系数均大于 0.5（最大值为 0.910，最小值为 0.785）。突破创新通过效度验证，说明该变量的测量题项具有较好的结构效度。

表 4 – 16　　　　　　　突破创新 **KMO and Bartlett's** 检验结果

Kaiser – Meyer – Olkin Measure of Sampling Adequacy		.781
Bartlett's Test of Sphericity	Approx. Chi – Square	69.762
	df	6
	sig	.000

表 4 – 17　　　　　　　　突破创新因子分析结果

题项	因子载荷	该因子特征值的方差贡献率（%）
RADI 1	.910	
RADI 2	.792	69.768
RADI 3	.785	
RADI 4	.848	

4.4.5 企业绩效效度分析

表 4 – 18 的主成分因子分析的 KMO 值为 0.884（大于 0.7），Bartlett 球体检验统计值通过显著性检验（p < 0.001）表明数据适合做因子分析。表 4 – 19 的分析结果显示，只有一个因子被识别出来，与原构思符合，即企业绩效，该因子的特征根累计解释了总体方差的 68.284%。企业绩效变量的各题项的因子载荷系数均大于 0.5（最大值为 0.881，最小值为 0.784）。企业绩效通过效度验证，说明该变量的测量题项具有较好的结构效度。

表 4 – 18　　　　　　　企业绩效 KMO and Bartlett's 检验结果

Kaiser – Meyer – Olkin Measure of Sampling Adequacy		.884
Bartlett's Test of Sphericity	Approx. Chi – Square	135.119
	df	15
	sig	.000

表 4 – 19　　　　　　　企业绩效因子分析结果

题项	因子载荷	该因子特征值的方差贡献率（%）
PERF 1	.813	
PERF 2	.817	
PERF 3	.881	68.284
PERF 4	.784	
PERF 5	.857	
PERF 6	.803	

4.4.6　环境动态性效度分析

表 4 – 20 的主成分因子分析的 KMO 值为 0.778（大于 0.7），Bartlett 球体检验统计值通过显著性检验（$p < 0.001$）表明数据适合做因子分析。表 4 – 21 的分析结果显示，只有一个因子被识别出来，与原构思符合，即环境动态性，该因子的特征根累计解释了总体方差的 59.74%。环境动态性变量的各题项的因子载荷系数均大于 0.5（最大值为 0.842，最小值为 0.638）。环境动态性通过效度验证，说明该变量的测量题项具有较好的结构效度。

表 4 – 20　　　　　　　环境动态性 KMO and Bartlett's 检验结果

Kaiser – Meyer – Olkin Measure of Sampling Adequacy		.778
Bartlett's Test of Sphericity	Approx. Chi – Square	71.693
	df	10
	sig	.000

表 4 – 21   环境动态性因子分析结果

题项	因子载荷	该因子特征值的方差贡献率（%）
ENVI 1	.780	
ENVI 2	.842	
ENVI 3	.638	59.74
ENVI 4	.823	
ENVI 5	.766	

4.4.7　环境复杂性效度分析

表 4 – 22 的主成分因子分析的 KMO 值为 0.874（大于 0.7），Bartlett 球体检验统计值通过显著性检验（p < 0.001）表明数据适合做因子分析。表 4 – 23 的分析结果显示，只有一个因子被识别出来，与原构思符合，即环境复杂性，该因子的特征根累计解释了总体方差的 71.122%。环境复杂性变量的各题项的因子载荷系数均大于 0.5（最大值为 0.876，最小值为 0.821）。环境复杂性通过效度验证，说明该变量的测量题项具有较好的结构效度。

表 4 – 22   环境复杂性 KMO and Bartlett's 检验结果

Kaiser – Meyer – Olkin Measure of Sampling Adequacy		.874
Bartlett's Test of Sphericity	Approx. Chi – Square	339.331
	df	10
	sig	.000

表 4 – 23   环境复杂性因子分析结果

题项	因子载荷	该因子特征值的方差贡献率（%）
ENVI 6	.821	
ENVI 7	.828	
ENVI 8	.858	71.122
ENVI 9	.832	
ENVI 10	.876	

4.4.8 环境宽松性效度分析

表 4 - 24 的主成分因子分析的 KMO 值为 0.661，比较接近 0.7，而且 Bartlett 球体检验统计值通过显著性检验（p < 0.001）表明数据适合做因子分析。表 4 - 25 的分析结果显示，只有一个因子被识别出来，与原构思符合，即环境动态性，该因子的特征根累计解释了总体方差的 64.081%。环境动态性变量的各题项的因子载荷系数均大于 0.5（最大值为 0.866，最小值为 0.715）。环境动态性通过效度验证，说明该变量的测量题项具有较好的结构效度。

表 4 - 24   **环境宽松性 KMO and Bartlett's 检验结果**

Kaiser - Meyer - Olkin Measure of Sampling Adequacy		.661
Bartlett's Test of Sphericity	Approx. Chi - Square	369.156
	df	6
	sig	.000

表 4 - 25   **环境宽松性因子分析结果**

题项	因子载荷	该因子特征值的方差贡献率（%）
ENVI 11	.866	
ENVI 12	.715	
ENVI 13	.775	64.081
ENVI 14	.836	

4.5 创新行为的中介效应检验

为了验证创新行为的中介效应的假设，本研究采用结构方程建模的方法。越来越多的学者赞同且采用结构方程建模技术检验变量的中介效应，其优点在于不仅可以得到逐步回归分析法的效果，而且还能综合考虑测量误差项目造成的影响（侯杰泰等，2004）。巴伦和科里尼（Baron & Keliny, 1986）[248]认为需要同时满足以下 4 个条件才能判断变量的中介作用：（1）因变量对中介变量的回归，回归系数达到显著水平；（2）中介变量对自变量的回归，回归系数达到显著水平；（3）因变量对自变量的回归，回归系数达到显著水平；（4）因变量同时对自变量和中介变量回归，中介变量的回归系数达到显著水平，自变量的回归系数不显著或减少。当自变量的回归系数减少到不显著水平，说明中介变量起到完全中介作用，自变量完全通过中介变量进而对因变量产生影响；当自变量的回归系数减少，但仍然达到显著水平，则此时的中介变量只起到部分中介作用，即自变量不仅通过中介变量间接影响因变量，而且还会对因变量产生直接的影响。运用结构方程建模的方法进行回归分析可以对中介效应进行检验，当自变量到假设的中介变量的回归系数达到显著水平，假设的中介变量到因变量的回归系数显著，自变量到因变量的回归系数不显著，则存在完全中介作用。如果自变量到因变量的回归系数显著时，则认为存在部分中介作用（黄逸群，2007）[249]。

侯杰泰等（2004）建议采用如下程序检验变量的中介效应。（1）检验图4-1中系数 c 是否显著，如果显著则继续，不显著停止检验（不存在中介效应）。（2）依次检验系数 a、b 是否显著，如果都显著则继续，只要有一个系数不显著就停止检验（不存在中介效应）。（3）检验系数 c′，如果 c′显著为部分中介效应，c′不显著为完全中介效应。

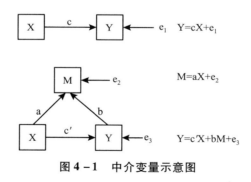

图 4-1　中介变量示意图

具体就本书的研究内容看，需要计算两个结构方程进行验证。一个方程来检验竞争战略对企业绩效的影响（图4-1中的系数 c）；另一个是整体结构方程，用来检验竞争战略对创新行为的影响（图4-1中的系数 a）、创新行为对企业绩效的影响（图4-1中的系数 b）及竞争战略对企业绩效的影响（图4-1中的系数 c′）。下面依次对这些假设进行检验，采用的分析软件是 AMOS 6.0。结构方程模型需要测量变量的均值、标准差及相关系数矩阵，在表4-8中已经描述了测量题项的均值和标准差，表4-26为题项的相关系数矩阵。

表4-26 测量题项的相关系数

题项	1	2	3	4	5	6	7	8	9	10	11	12	13	14	15
LOWC 1	1.000														
LOWC 2	0.698	1.000													
LOWC 3	0.443	0.734	1.000												
LOWC 4	0.569	0.622	0.664	1.000											
LOWC 5	0.557	0.757	0.695	0.571	1.000										
LOWC 6	0.533	0.685	0.683	0.766	0.684	1.000									
LOWC 7	0.604	0.660	0.520	0.714	0.615	0.635	1.000								
LOWC 8	0.623	0.682	0.683	0.611	0.559	0.496	0.642	1.000							
DIFF 1	0.152	-0.052	0.099	0.055	0.065	-0.035	0.173	0.309	1.000						
DIFF 2	0.026	0.193	0.046	0.051	0.183	0.084	0.072	0.258	0.411	1.000					
DIFF 3	-0.044	-0.051	-0.040	-0.080	0.071	-0.169	0.022	0.128	0.595	0.633	1.000				
DIFF 4	0.016	0.152	0.177	-0.016	0.119	-0.031	0.163	0.393	0.519	0.509	0.606	1.000			
DIFF 5	-0.102	-0.169	-0.058	-0.158	0.012	-0.186	0.044	0.167	0.569	0.566	0.757	0.573	1.000		
DIFF 6	-0.027	-0.055	-0.076	0.012	-0.096	-0.148	0.064	0.191	0.573	0.572	0.572	0.551	0.472	1.000	
DIFF 7	-0.053	-0.011	0.002	-0.129	0.099	-0.100	0.120	0.157	0.625	0.566	0.719	0.506	0.740	0.602	1.000
DIFF 8	-0.151	-0.129	-0.050	-0.134	0.034	-0.149	-0.108	0.134	0.500	0.685	0.653	0.526	0.771	0.523	0.632

续表

题项	1	2	3	4	5	6	7	8	9	10	11	12	13	14	15
INCR 1	0.634	0.638	0.568	0.530	0.560	0.540	0.523	0.730	0.223	0.299	0.093	0.209	0.134	0.199	0.149
INCR 2	0.489	0.481	0.476	0.435	0.508	0.454	0.431	0.363	-0.035	0.026	-0.084	-0.073	0.091	-0.170	0.021
INCR 3	0.383	0.597	0.398	0.475	0.508	0.601	0.574	0.433	0.018	0.247	0.045	0.196	-0.016	0.107	0.123
INCR 4	0.555	0.655	0.601	0.517	0.666	0.535	0.552	0.599	0.174	0.219	0.086	0.263	0.092	0.103	0.332
RADI 1	0.122	0.155	0.024	-0.005	0.208	-0.025	0.196	0.311	0.427	0.677	0.667	0.526	0.644	0.482	0.618
RADI 2	0.215	0.035	0.004	-0.030	0.040	-0.016	0.040	0.280	0.501	0.494	0.530	0.385	0.512	0.416	0.576
RADI 3	-0.112	-0.162	-0.142	-0.150	-0.147	-0.377	-0.143	0.087	0.483	0.528	0.510	0.395	0.425	0.465	0.412
RADI 4	-0.107	0.066	0.087	0.001	0.150	-0.046	0.115	0.286	0.464	0.608	0.640	0.630	0.630	0.644	0.564
PERF 1	0.376	0.593	0.504	0.387	0.523	0.304	0.433	0.620	0.247	0.558	0.470	0.580	0.392	0.317	0.367
PERF 2	0.394	0.358	0.276	0.358	0.361	0.241	0.377	0.511	0.359	0.433	0.571	0.496	0.356	0.360	0.468
PERF 3	0.476	0.533	0.509	0.412	0.444	0.410	0.456	0.643	0.435	0.530	0.394	0.616	0.413	0.453	0.516
PERF 4	0.314	0.307	0.304	0.260	0.406	0.312	0.373	0.436	0.666	0.506	0.558	0.526	0.478	0.520	0.554
PERF 5	0.195	0.308	0.329	0.239	0.268	0.229	0.387	0.492	0.512	0.535	0.482	0.626	0.466	0.492	0.509
PERF 6	0.143	0.277	0.439	0.259	0.278	0.225	0.321	0.440	0.333	0.525	0.519	0.546	0.554	0.464	0.481

（续）表 4-26

测量题项的相关系数

题项	16	17	18	19	20	21	22	23	24	25	26	27	28	29	30
DIFF 8	1.000														
INCR 1	0.129	1.000													
INCR 2	0.005	0.478	1.000												
INCR 3	-0.076	0.572	0.503	1.000											
INCR 4	0.134	0.642	0.584	0.528	1.000										
RADI 1	0.579	0.295	0.065	0.216	0.266	1.000									
RADI 2	0.550	0.311	0.152	0.161	0.267	0.670	1.000								
RADI 3	0.539	0.012	-0.124	-0.221	0.028	0.606	0.476	1.000							
RADI 4	0.624	0.203	-0.078	0.100	0.222	0.735	0.513	0.564	1.000						
PERF 1	0.425	0.516	0.366	0.444	0.569	0.521	0.460	0.315	0.482	1.000					
PERF 2	0.386	0.402	0.317	0.287	0.557	0.526	0.546	0.474	0.426	0.631	1.000				
PERF 3	0.380	0.619	0.356	0.432	0.685	0.624	0.516	0.385	0.518	0.708	0.699	1.000			
PERF 4	0.444	0.461	0.254	0.431	0.431	0.597	0.522	0.433	0.548	0.538	0.529	0.575	1.000		
PERF 5	0.482	0.403	0.254	0.318	0.389	0.593	0.455	0.483	0.551	0.595	0.585	0.689	0.738	1.000	
PERF 6	0.515	0.435	0.245	0.168	0.408	0.582	0.294	0.488	0.607	0.558	0.603	0.672	0.522	0.630	1.000

4.5.1　竞争战略对企业绩效的影响

图 4 - 2 显示了竞争战略与企业绩效关系模型的路径，表 4 - 27 为模型的拟合优度检验，表 4 - 28 为模型路径系数的显著性检验。

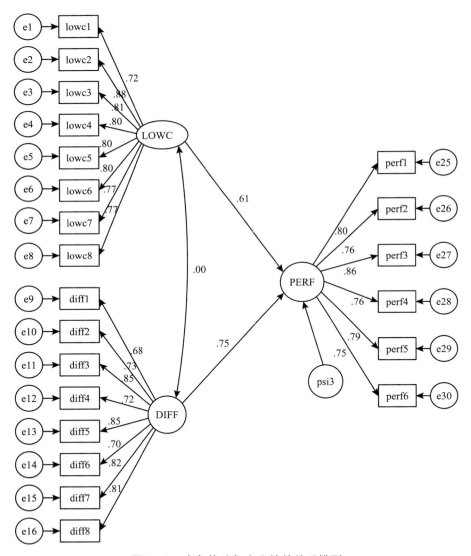

图 4 - 2　竞争战略与企业绩效关系模型

表 4-27 模型拟合优度指标

拟合指标	评价标准	指标值	拟合情况
χ^2/df	<3	0.803	大于3，不显著
拟合优度指数 GFI	>0.9	0.867	小于但接近 0.9，可以接受
调整的拟合优度指数 AGFI	>0.9	0.837	小于但接近 0.9，可以接受
近似误差均方根 RMSEM	<0.08	0.079	小于 0.08，非常好
标准拟合指数 NFI	>0.9	0.870	小于但接近 0.9，可以接受
相对拟合指数 CFI	>0.8	0.897	大于 0.8，非常好

验证性因子分析的每个测定变量的路径值应该大于或接近于 0.71（邱皓政，2009），图 4-2 显示 3 个测量变量的大部分路径值都大于 0.71，2 个路径值小于 0.71，但接近 0.71。LOWC 对应 8 个题项的路径系数最大值为 0.88，最小值为 0.72；DIFF 对应的 8 个题项的路径系数最大值为 0.85，最小值为 0.68；PERF 对应的 6 个题项的路径系数最大值为 0.86，最小值为 0.75。坦巴克尼克和菲德尔（Tabachnica & Fidell，2007）认为社会科学研究量表的因素载荷由于受测量本质的特性、外在干扰与测量误差、甚至于构念本质的形成性与反映性争议的影响，载荷系数偏小，建议以 0.55 为良好的标准[250]。本结构模型所路径值都大于 0.55，因而这些变量的测定题项是合适的。

根据所采用的估计方法，本研究选取了几个具有较好稳定性的指标。

1. 卡方自由度比

按照该模型的自由度（df = 206），可以看出模型的卡方自由度值（8.03）是不显著的。其值较大，主要是该指标受样本容量的影响较大，当样本很大时，容易拒绝模型，此指标失去检验价值（侯杰泰等，2004）[251]。

2. 拟合优度指数（GFI）

GFI 测定观测变量的方差协方差矩阵在多大程度上被模型定义的方差协方差矩阵所预测，类似于回归分析中的拟合优度（R^2），因而，GFI 越接近 1 说明模型的拟合越好。该模型的 GFI 值为 0.867，小于但接近于 0.9，因而模型的拟合性可以勉强接受。

3．调整拟合优度指数（AGFI）

由于 GFI 会随着模型中参数总数的增加而提高，而且受样本容量的影响，因而还需要计算调整拟合优度指数（AGFI）。该模型的 AGFI 值为 0.837，小于但接近于 0.9，因而模型的拟合性可以勉强接受。

4．近似误差均方根（RMSEA）

RMSEA 比较理论模型与饱和模型的差异，该值越大表明模型拟合效果越差。该模型的 RMSEA = 0.079 < 0.08，表明数据与定义模型拟合较好。

5．标准拟合指数（NFI）

NFI 反映了假设模型与一个观察变量间没有任何共变假设的独立模型的差异程度，NFI 越接近 1 说明模型的拟合越好。该模型的 NFI = 0.870，小于但接近于 0.9，因而模型的标准拟合性可以勉强接受。

6．相对拟合指数（CFI）

CFI 功能基本与 NFI 相同，检验结果显示，该模型的 CFI = 0.897，大于 0.8，可以认为模型的相对拟合很好。

本特勒和邹（Beniler & Chou，1987）指出：对于包含较多变量的模型来说，完全达到一般认定的拟合优度是比较困难的（李沁芳，2007）。对于本模型来说，大部分拟合度指标均达到了预定的标准，而 GFI、AGFI、NFI 虽没达到理想拟合度指标，但都很接近，所以，本模型拟合的结果是可以接受的。

表 4 - 28 显示低成本战略和差异化战略对企业绩效的正向影响都是显著的，且显著性水平都小于 0.001。

表 4 - 28　　　　　　　竞争战略与企业绩效关系假设检验结果

路径	Estimate	S. E.	C. R.	P	标准化估计值	对应假设	结论
PERF←DIFF	.519	.043	12.208	***	.75		√接受
PERF←LOWC	.513	.047	10.920	***	.61		√接受

注：*** 表示小于 0.001 的显著性水平。

4.5.2 竞争战略、创新行为及企业绩效关系

图 4 - 3 显示了竞争战略与企业绩效关系模型的路径，表 4 - 29 为模型的拟合优度检验，表 4 - 30 为模型路径系数的显著性检验。

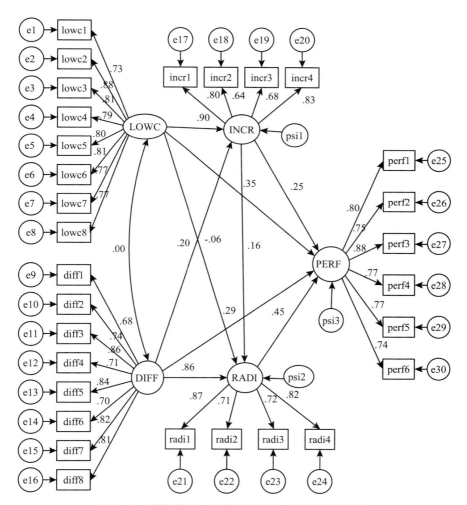

图 4 - 3 竞争战略、创新行为及企业绩效关系模型

表 4 – 29　　　　　　　　　　模型拟合优度指标

拟合指标	评价标准	指标值	拟合情况
χ^2/df	<3	8.974	大于 3，不显著
拟合优度指数 GFI	>0.9	0.903	大于 0.9，非常好
调整的拟合优度指数 AGFI	>0.9	0.886	小于但接近 0.9，可以接受
近似误差均方根 RMSEM	<0.08	0.091	大于 0.08，非常好
标准拟合指数 NFI	>0.9	0.867	小于但接近 0.9，可以接受
相对拟合指数 CFI	>0.8	0.894	大于 0.8，非常好

图 4 – 3 显示 5 个测量变量的大部分路径值都大于或等于 0.71，3 个路径值小于 0.71，但接近 0.71。LOWC 对应 8 个题项的路径系数最大值为 0.88，最小值为 0.73；渐进创新对应 4 个题项的路径系数最大值为 0.80，最小值为 0.64；渐进创新对应 4 个题项的路径系数最大值为 0.87，最小值为 0.71；DIFF 对应的 8 个题项的路径系数最大值为 0.86，最小值为 0.68；PERF 对应的 6 个题项的路径系数最大值为 0.86，最小值为 0.75。本结构模型所路径值都大于 0.55，因而这些变量的测定题项是合适的。

表 4 – 29 显示对于本模型来说，大部分拟合度指标均达到了预定的标准，而 GFI、AGFI、NFI 虽没达到理想拟合度指标，但都很接近，所以，本模型拟合的结果是可以接受的。

表 4 – 30 显示低成本战略对突破创新的影响没有达到最低显著水平（0.05），渐进创新对突破创新的影响没有达到最低显著水平（0.05），其余的影变量之间的影响关系都达到了显著性水平。

表 4 – 30　　　　　　竞争战略、创新行为及企业绩效关系假设检验结果

路径	Estimate	S. E.	C. R.	P	标准化估计值	对应假设	结论
INCR←LOWC	.772	.066	11.658	***	.903	H1a	√接受
RADI←LOWC	− .082	.240	− .342	.732	− .060	H1b	×拒绝
RADI←DIFF	.969	.091	10.695	***	.857	H2a	√接受
INCR←DIFF	.141	.032	4.410	***	.200	H2b	反向接受
PERF←INCR	.245	.118	2.069	.039	.249	H3	√接受
PERF←RADI	.277	.057	4.841	***	.453	H4	√接受

续表

路径	Estimate	S. E.	C. R.	P	标准化估计值	对应假设	结论
RADI←INCR	.252	.294	.858	.391	.157	H5	×拒绝
PERF←LOWC	.298	.097	3.063	.002	.354	H6	√接受
PERF←DIFF	.203	.061	3.320	***	.294	H7	√接受

注：*** 表示小于 0.001 的显著性水平。

4.5.3　创新的中介效应检验

根据上面两个模型的实证结果，下面依据侯杰泰等（2004）推荐的中介变量判断程序来验证渐进创新和突破创新在竞争战略与企业绩效关系中的中介效应是否存在。

（1）在低成本战略与企业绩效关系中，实证分析发现：

①自变量低成本战略对因变量企业绩效的影响显著。

②自变量低成本战略对中介变量渐进创新的影响显著，对突破创新的影响不显著。

③加入中介变量渐进创新后，自变量低成本战略对企业绩效的影响依然显著，但影响系数减少，由原来的 0.61 减少至 0.35。

因此，可以认为渐进创新确实在低成本战略与企业关系中起中介作用，且为部分中介作用。

（2）在差异化战略与企业绩效关系中，实证分析发现：

①自变量差异化战略对因变量企业绩效的影响显著。

②自变量差异化战略对中介变量渐进创新的影响显著，对突破创新的影响也显著。

③加入中介变量渐进创新和突破创新后，自变量差异化战略对企业绩效的影响依然显著，但影响系数减少，由原来的 0.75 减少至 0.29。

因此，可以认为渐进创新和突破创新都在差异化战略与企业关系中起中介作用，且为部分中介作用。

最终，剔除图 4-3 中两个不显著的关系（INCR→RADI 和 LOWC→RADI），本研究基于创新选择中介效应的竞争战略对企业绩效影响的关系模型如图 4-4 所示。

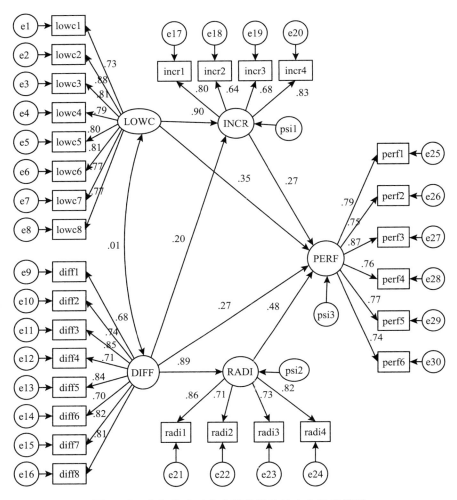

图 4 - 4   竞争战略对企业绩效影响的中介效应模型

4.6   环境的调节效应检验

阿诺尔德（1982）等学者认为回归方程分析是一种适合于验证权变（调节）关系假设的研究技术，多数学者在研究变量的调节效应时都采用多元回归方程进行分析，如刘雪锋（2007）、张映红（2008）等，本研究亦采用多元回归方程分析环境的调节效应。

前面已经检验样本的低成本战略、差异化战略及企业绩效等测量变量都具有较高效度，因此可以将同一测量变量的各题项合并为一个因子进行后续分析（马庆国，2002）。一些学者直接将某测量变量的所有题项值进行简单平均，然后用该平均值作为该测量变量的样本值代入回归模型进行分析（刘雪锋，2007；吴增源，2007 等），本研究亦采用简单平均的方法计算测量变量值。

国内外的相关研究表明，企业绩效都是企业多因素共同作用的结果。因此，为了讨论本书的研究假设，还需要对企业绩效有影响的几个变量在模型中进行适当控制，这些变量包括企业规模、企业年龄、企业所在行业及企业所在地域。

企业规模对企业绩效具有一定的解释作用，不仅影响着企业过去的成功也影响着企业当前的绩效。企业规模越大，就有更多的资源与能力实施低成本战略或差异化战略，规模大的企业还能获取规模效应和声誉优势，从而可能取得更好的绩效。同时，规模大的企业可能有更多的资金与实力进行员工培训，进行技术的研发工作，推进企业的创新行为，进而提高企业绩效。企业年龄也可能成为影响企竞争战略与绩效的因素，随着时间的推移，经营时间较长的企业可能积累更多的知识与能力实施与企业相适应的竞争战略，同时其绩效也可能更好。企业的行业属性也可能会影响其竞争战略与绩效，高科技行业相对于传统行业的企业，其绩效表现也可能会有一些差异。此外，不同地域的文化、商业氛围、经济活力存在一定的差异，这些也许会对企业的竞争战略与绩效产生影响，因而也有必要进行一定的控制。

在具体的控制变量测度上，本研究用企业员工人数来表征企业规模，考虑到企业规模对企业战略与绩效的影响的边际作用可能是递减的，所以采用企业员工的人数的自然对数值进入回归模型（刘雪锋，2007）。企业年龄用企业的成立时间与 2009 年之间的年数来表征，然后直接进行回归模型。此外，本研究用一个虚拟变量表征企业所在地域，1 表示企业所在地域为东部地区、0 表示企业所在地域为中西部。用一个虚拟变量表征企业所在行业，1 表示企业所在行业为电子及通信设备制造、通用及专用设备制造、生物制药和新材料业等高科技行业，0 表示企业所在行业为食品制造、化工和纺织业等传统行业。

本研究建立多个回归模型发现，四个控制变量中只有企业的行业属性对企业绩效影响显著，其他三个控制变量（企业规模、企业年龄及地域）对企业家绩效影响均不显著。而且，由于这些控制变量不是本书讨论的重心，故后面的多元回归模型不再包括这三个控制变量，只含行业属性这一个控制变量。

4.6.1 回归模型的计量检验

为了保证正确的使用多元线性回归模型并得出科学的结论，需要对多元回归模型进行计量检验，主要包括多重共线性、序列相关和异方差三大问题（庞浩，2009；马庆国，2002 等）。

1. 多重共线性检验

多重共线性指解释变量之间存在严重的线性相关，即多个变量有共同的变化趋势（庞浩，2009）。通常，用方差膨胀因子（Variance Inflation Factor，VIF）指数衡量是否存在多重共线性。经验判断方法表明：当 $0 < VIF < 10$，不存在多重共线性（庞浩，2009）。

本研究中，回归模型的 VIF 计算结果显示，所有模型中的 $0 < VIF < 10$，因此，可以判定这些解释变量之间不存在多重共线性问题。

2. 序列相关检验

序列相关指不同期的样本值（不同编号的样本值）之间，存在相关关系。通常，使用 Durbin – Watson 值（即 DW 值）来检验模型的序列相关问题。当 "$DW_U < DW < 4 - DW_U$" 时，模型不存在序列相关（庞浩，2009）。由于 DW_U 常为 1.5 左右，因此，一般经验上认为当 $1.5 < DW < 2.5$ 时认为模型不存在序列相关性，特别地，当 $DW = 2$ 时表示模型完全没有序列相关性。

本研究中，所有回归模型的 DW 值均接近 2。因此，在本研究中的模型中不存在序列相关问题。

3. 异方差检验

异方差问题是指随着解释变量的变化，被解释变量的方差存在明显的变化趋势，不具有常数方差的特征（庞浩，2009）。如果出现异方差，虽然回归参数的估计仍无偏，但是不再具有最小方差，所有不再有效。判断是否存在异方差现象，通常采用散点图的方式。

本研究对各个回归模型以标准化预测值为横轴、标准化残差为纵轴进行残差项的散点图分析，如果散点图呈无序状态，就可以判定回归模型均不存在异方差问题。

4.6.2 环境动态性的调节效应

为了验证环境动态性对竞争战略与企业绩效关系的调节作用，即假设 H10a、H10b（H10a：在动态性高的环境中，低成本战略与企业绩效的关系将减弱；H10b：在动态性高的环境中，差异化战略与企业绩效的关系将增强），本研究以企业绩效为被解释变量，以行业属性、低成本战略、差异化战略为解释变量，并将环境的动态性分别与低成本战略及差异化战略相乘，得到两个乘积项也作为解释变量，建立回归模型。多元线形回归模型的分析结果如表 4 – 31 所示。

表 4 – 31　　　　环境动态性对竞争战略——绩效关系的调节效应模型

变量	基础模型			模型 I			调节的预期方向
	回归系数	T 值	显著性	回归系数	T 值	显著性	
行业属性	0.1710 ***	3.1841	0.0016	0.1706 ***	3.6249	0.0004	
低成本	0.4760 ***	29.06749	0.0000	0.4949 ***	7.1717	0.0000	
差异化	0.6004 ***	35.19743	0.0000	0.4138 ***	5.8969	0.0000	
动态性				0.0744 ***	3.0693	0.0024	
低成本 × 动态性				– 0.0078	– 0.5194	0.6040	–
差异化 × 动态性				0.0278 *	1.8959	0.0592	+
R^2	0.7987			0.8476			
调整后的 R^2	0.7970			0.8444			
F	468.3146 ***			259.2722 ***			
DW	1.8585			1.7801			
最大 VIF	5.763			8.287			

注：（1）样本量为 239；（2）被解释变量为企业绩效；（3）*、**、*** 分别表示显著性水平为 10%、5%、1%。

从表 4 – 31 中的基础模型中可以看出，企业的低成本战略的回归系数为正且显著异于零（P < 0.01），这一结果表明：企业低成本战略对企业绩效具有显著的正向影响；企业的差异化战略的回归系数为正且显著异于零（P < 0.01），这一结果表明：企业差异化战略对企业绩效具有显著的正向影响。本研究的假设 H6a 和 H6b 再次得到支持性验证。另外，控制变量中的行业属性的回归系数为正且显著异于零（P < 0.01），表明高科技行业企业的绩效比传统制造业的绩效好。

从表 4 - 31 中的模型 I 可以看出，在基础模型中加入了环境的动态性及其与低成本战略、差异化战略的乘积项后，低成本战略与环境动态性的乘积项的系数符号为负，与假设 H10a 一致，但不具备显著性（P > 0.1），假设 H10a 没有显著通过；差异化战略与环境动态性的乘积项的系数符号为正且具备显著性（P < 0.1），假设 H10b 获得显著性支持。因此，环境动态性对低成本战略与企业绩效关系的负向调节作用并不显著存在，环境动态性对差异化战略与企业绩效关系的正向调节作用显著存在（温忠麟等，2005）。

此外，在模型 I 中，环境动态性的系数为正且显著（P < 0.01），表明环境动态性对企业绩效有正向的影响，这一结果验证了王永贵等（2004）、焦豪等（2007）[252][253] 等学者基于中国实情的实证研究结论。

模型 I 最大 VIF 为 8.287，小于 10，因此，模型 I 不存在多重共线性；DW 值为 1.78，1.5 < DW < 2.5，因此模型 I 不存在序列相关性；以解释变量为横轴、残差为纵轴进行残差项的散点图分析，散点图呈无序状态，可以认为模型 I 不存在异方差。另外，模型 I 的 F 统计量非常显著（P < 0.01），说明模型的整体显著性很好。经过上述几方面对模型的检验，可以认为模型 I 的结果具有一定的稳定性和可信度。

4.6.3　环境复杂性的调节效应

为了验证环境复杂性对竞争战略与企业绩效关系的调节作用，即假设 H10c、H10d（H10c：在复杂性高的环境中，低成本战略与企业绩效的关系将减弱；H10d：在复杂性高的环境中，差异化战略与企业绩效的关系将增强），本研究以前述做法建立回归模型，多元线形回归模型的分析结果如表 4 - 32 所示。

表 4 – 32　　　　　　环境复杂性对竞争战略——绩效关系的调节效应模型

变量	模型 Ⅱ			调节的预期方向
	回归系数	T 值	显著性	
行业属性	0.1924 ***	3.5756	0.0004	
低成本	0.4608 ***	7.5584	0.0000	
差异化	0.6377 ***	10.1161	0.0000	
复杂性	0.1305 ***	3.6691	0.0003	
低成本 × 复杂性	− 0.0108	− 0.8025	0.4231	−
差异化 × 复杂性	− 0.0225 *	− 1.6682	0.0966	+
R²	0.8156			
调整后的 R²	0.8116			
F	206.0719 ***			
DW	1.8056			
最大 VIF	6.115			

注：（1）样本量为 239；（2）被解释变量为企业绩效；（3）＊、＊＊、＊＊＊ 分别表示显著性水平为 10%、5%、1%。

从表 4 – 32 中的模型 Ⅱ 可以看出，在基础模型中加入了环境的复杂性及其与低成本战略、差异化战略的乘积项后，低成本战略与环境复杂性的乘积项的系数符号为负，与假设 H10c 一致，但不具备显著性（P＞0.1），假设 H10c 没有显著通过；差异化战略与环境复杂性的乘积项的系数符号为负，与假设 H10d 预期相反，且具备显著性（P＜0.1），假设 H10b 获得反向的显著性支持。因此，环境复杂性对低成本战略与企业绩效关系的负向调节作用并不显著存在，环境复杂性对差异化战略与企业绩效关系存在显著的负向调节作用（温忠麟等，2005）。

模型 Ⅱ 最大 VIF 为 6.115，小于 10，因此，模型 Ⅱ 不存在多重共线性；DW 值为 1.81，1.5＜DW＜2.5，因此模型 Ⅱ 不存在序列相关性；以解释变量为横轴、残差为纵轴进行残差项的散点图分析，散点图呈无序状态，可以认为模型 Ⅱ 不存在异方差。另外，模型 Ⅱ 的 F 统计量非常显著（P＜0.01），说明模型的整体显著性很好。经过上述几方面对模型的检验，可以认为模型 Ⅱ 的结果具有一定的稳定性和可信度。

4.6.4 环境宽松性的调节效应

为了验证环境宽松性对竞争战略与企业绩效关系的调节作用，即假设 H10e、H10f（H10e：在宽松性高的环境中，低成本战略与企业绩效的关系将减弱；H10f：在宽松性高的环境中，差异化战略与企业绩效的关系将增强），同样以前述做法建立回归模型，多元线形回归模型的分析结果如表4-33所示。

表4-33　　　　环境宽松性对竞争战略——绩效关系的调节效应模型

变量	模型Ⅲ			调节的预期方向
	回归系数	T值	显著性	
行业属性	0.1716 ***	3.5055	0.0005	
低成本	0.5441 ***	8.6206	0.0000	
差异化	0.4120 ***	6.3438	0.0000	
宽松性	0.0840 ***	2.9585	0.0034	
低成本×宽松性	-0.0214	-1.3285	0.1853	-
差异化×宽松性	0.0329 **	2.0845	0.0382	+
R^2	0.8355			
调整后的 R^2	0.8319			
F	236.6381 ***			
DW	1.7889			
最大 VIF	8.856			

注：（1）样本量为239；（2）被解释变量为企业绩效；（3）＊、＊＊、＊＊＊分别表示显著性水平为10%、5%、1%。

从表4-33中的模型Ⅲ可以看出，在基础模型中加入了环境的宽松性及其与低成本战略、差异化战略的乘积项后，低成本战略与环境宽松性的乘积项的系数符号为负，与假设H10e一致，但不具备显著性（P＞0.1），假设H10e没有显著通过；差异化战略与环境宽松性的乘积项的系数符号为正且具备显著性

（P＞0.05），假设 H10f 获得显著性支持。因此，环境宽松性对低成本战略与企业绩效关系的负向调节作用并不显著存在，环境宽松性对差异化战略与企业绩效关系存在显著的正向调节作用（温忠麟等，2005）。

模型Ⅲ最大 VIF 为 8.856，小于 10，因此，模型Ⅲ不存在多重共线性；DW 值为 1.79，1.5＜DW＜2.5，因此模型Ⅲ不存在序列相关性；以解释变量为横轴、残差为纵轴进行残差项的散点图分析，散点图呈无序状态，可以认为模型Ⅲ不存在异方差。另外，模型Ⅲ的 F 统计量非常显著（P＜0.01），说明模型的整体显著性很好。经过上述几方面对模型的检验，可以认为模型Ⅲ的结果具有一定的稳定性和可信度。

环境特征对竞争战略与企业绩效关系的调节效应结果如图 4-5 所示。

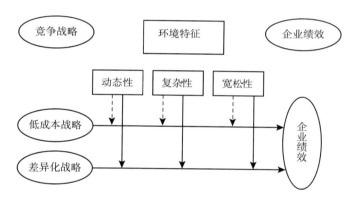

图 4-5　环境特征调节作用的结果模型

注：实线表示影响显著，虚线表示影响不显著。

4.7　假设检验结果汇总

通过对创新中介效应和环境调节效应的实证分析，本研究提出的所有假设都被检验，表 4-34 显示了所有的假设检验的结果。17 个假设中有 10 个假设获得显著性支持；5 个假设尽管和预期符号一致但因不显著而被拒绝；2 个假设与预期符号相反，但具有显著性，本研究反向接受。

表 4 – 34　　　　　　　　　　　　　假设检验通过情况

假设编号	假设描述	系数	P 值	结论
H1a	实施低成本战略有利于开展渐进创新	.903	.000	√接受
H1b	实施低成本战略有不利于开展突破创新	– .060	.732	×拒绝
H2a	实施差异化战略有利于开展突破创新	.857	.000	√接受
H2b	实施差异化战略有不利于开展渐进创新	.200	.000	反向接受
H3	渐进创新对企业绩效有正向影响	.249	.039	√接受
H4	突破创新对企业绩效有正向影响	.453	.000	√接受
H5	渐进创新对突破创新有正向影响	.157	.391	×拒绝
H6	低成本战略对企业绩效有直接的正向影响	.354	.002	√接受
H7	差异化战略对企业绩效有直接的正向影响	.294	.000	√接受
H8	渐进创新在低成本战略与企业绩效关系中起中介作用	—	—	√接受
H9	突破创新在差异化战略与企业绩效关系中起中介作用	—	—	√接受
H10a	在动态性高的环境中，低成本战略与企业绩效的关系将减弱	– 0.008	0.604	×拒绝
H10b	在动态性高的环境中，差异化战略与企业绩效的关系将增强	0.028	0.059	√接受
H10c	在复杂性高的环境中，低成本战略与企业绩效的关系将减弱	– 0.011	0.185	×拒绝
H10d	在复杂性高的环境中，差异化战略与企业绩效的关系将增强	– 0.023	0.038	反向接受
H10e	在宽松性高的环境中，低成本战略与企业绩效的关系将减弱	– 0.021	0.185	×拒绝
H10f	在宽松性高的环境中，差异化战略与企业绩效的关系将增强	0.033	0.038	√接受

第 5 章

实证结果讨论

本研究在大量文献分析的基础上，构造了波特两种竞争战略影响企业绩效的理论模型，并提出了相应假设，模型涉及的变量主要有竞争战略、创新行为、企业绩效及环境特征。第 4 章以调研获得的 239 份我国制造企业的问卷为基础，实证检验了理论模型和相关假设，结果表明 17 个假设中有 10 个假设获得显著性支持；5 个假设尽管和预期符号一致但因不显著而被拒绝；2 个假设与预期符号相反，但具有显著性。本章重点对这些假设的结果和意义进行讨论。

通过验证的假设能够揭示要素之间的作用关系，本章将分析通过验证的假设带给我们的启示。对于未通过验证的假设，本章将结合我国制造企业的环境，揭示其未获得支持的原因，由此反映我国制造企业发展实践中所存在的特殊问题。

5.1 竞争战略对企业绩效的直接影响

本研究的实证结果表明，低成本战略和差异化战略的实施都能够直接正向影响企业绩效。这一结果与国内外很多学者的结论一致（Miller & Friesen，1986；Parker & Helms，1992；Acquaah & Yasai – Ardekani，2008；王铁男，2000；刘睿智，胥朝阳，2008 等）。刘睿智、胥朝阳（2008）运用中国企业数据同时研究低成本战略和差异化战略对企业绩效影响，他们的研究成果是具有较强参考价值的文献之一，他们利用中国上市公司 2000～2006 年的财务数据，运用验证性因子分析技术构建了两个因子以反映公司竞争战略是倾向于差异化还是低成本，在此基础上考察战略定位对公司绩效的影响，研究发现：低成本战略和差异化战略均能给上市公司带来短期竞争优势，从而提升企业绩效。本研究是运用中国制造企业的调查数据进行实证分析，结果与刘睿智、胥朝阳（2008）的结论一致，可以作为相互的验证。因此，企业在激烈的竞争中必须根据内部资源和外部环境制定和实施明确的竞争战略，也许是低成本战略，也许是差异化战略，当然，也有可能是低成本战略和差异化战略同时实施的混合战略。正如米勒（1986）所说"企业必须至少制定一种明确的竞争战略"。

实施低成本战略的企业通过有效地控制成本驱动因素和重构价值链获取成本优势，从而为企业带来绩效增长。一方面，低成本战略需要积极识别企业的重要成本驱动因素并进行有效控制，如规模、学习曲线、生产能力利用率的效果、联系、整合、时机、自主政策、地理位置等；另一方面，重构价值链可能改变企业重要的成本驱动因素或提供从根本上改变企业成本结果的机会，提供企业运行的内在效率。差异化战略通过研发或建立完善的分销渠道使企业在品牌形象、技术特点、外观特点、客户服务、经销网络及其他方面和竞争对手不一样而获得为企业带来绩效增长和竞争优势。

5.2　创新的中介效应讨论

5.2.1　竞争战略对创新的影响

H1a 探讨的是低成本战略与企业渐进创新的关系，假设内容是"实施低成本战略有利于开展渐进创新"，检验的结果表明 H1a 通过验证，这一结论与相关学者的研究结论一致（如：Des & Davis，1984；Akan et al.，2006；陈建勋等，2009）。这说明实施低成本战略的企业倾向进行渐进创新的研发活动，通过学习效应在已有知识基础上进行创新，通过设计技术创新使得产品易于制造，通过系统流程创新获得低成本的分销系统等。这类企业主要关注现有的产品或市场领域，只是加强已有市场领域的发展，它们并不投入资源去开拓外部新的市场机会，企业很少需要对自身的生产技术等进行全新的调整。通过渐进创新的研发活动，降低成本、提高生产效率，利用高的产品质量、有效的营销方式满足客户的显性需求。

低成本战略要求基本组织是"结构分明的组织和责任"（波特，2007），"提高效率，降低成本"成为企业文化的核心。渐进性创新要求组织有相对集中的智能结构、有一套约定俗成的程序、有明确的分工和以效率为导向的企业文化（Ettlie et al.，1984）。因此，在基本组织的要求上，低成本战略有利于渐进创新。

H1b 探讨的是低成本战略与企业突破创新的关系，假设内容是"实施低成本战略不利于开展突破创新"，检验的结果表明 H1b 没有通过验证，这一结论与部分学者的研究结论不一致。这表明低成本战略未必一定和突破创新相对立，突破重大技术也有可能成为企业成本降低的手段（波特，1980）。曾鸣（2008）认为低成本创新主要有三种模式：集成创新、流程创新和颠覆性创新，其中颠覆性创新相当于本研究的突破创新。实施低成本战略的一些企业的功能活动要求、基本技能与资源要求及组织要求等可能不利于突破创新活动，但另外一些企业的低成本战略也许迫使企业通过突破创新活动来建立竞争优势，这样，低成本战略对突破创新的不利影响就不明显，从而不能通过显著性检验。

H2a 探讨的是差异化战略与企业突破创新的关系，假设内容是"实施差异化战略有利于开展突破创新"，检验的结果表明 H2a 通过验证，这一结论与相关学者的研究结论一致（如：Ettlie et al.，1984；陈建勋等，2009；蔡建峰等，2009）。这表明采用差异化战略的企业具有很强的创新精神，为了建立品牌形象与标新立异，必须具备雄厚的研发能力和良好的科研氛围，从而为顾客创造独特性能与质量的产品、服务。它们以不断寻找市场中的新机会为目标，并且不断地进行试验来应对不断变化的环境。这些企业通常会通过创造不确定和变化来与自己的对手竞争。采用差异化战略的企业主要关注多重的全新技术或服务，通过突破创新来把握市场中新的机会。另外，实施差异化战略的企业拥有灵活的组织结构、鼓励创新的激励机制和以开拓进取为特征的企业文化，这些因素确实促进了企业的突破创新活动。

H2b 探讨的是差异化战略与企业渐进创新的关系，假设内容是"实施差异化战略不利于开展渐进创新"，检验的结果与 H2b 预期恰恰相反。这表明企业实施差异化战略是有利于渐进创新活动的，可能的解释是：对于实施差异化战略的企业来说，创新是一项中心工作，企业往往在其所属的市场领域中，通过创新取得差异化优势。但它们并不盲目将突破性创新作为自己的唯一目标，而是同时审慎地追求渐进性创新。在企业看来，持续保持差异化的优势需要企业能够在明确而远大的目标指引下，获得突破的重大进步，也要不断地取得许多细小的而非辉煌的进步。另外，创新从来不是一时的现象，而是一个长期积累的过程，这个过程包括了从新概念的产生到执行的全过程[254]。渐进创新通过长期持续不断的局部积累或改良创新，为突破创新做好准备。

本书的研究表明不同的竞争战略其创新行为不同，低成本战略重视进行渐进创新，而差异化战略同时进行渐进创新和突破创新。从结构方程的路径系数上比较，差异化战略对突破创新的影响（0.89）比对渐进创新的影响（0.20）大。不同的竞争战略在架构和功能上存在差异，成功实施不同竞争战略需要在组织安排、控制程序和创新体制上存在差异（波特，2007）。在创新行为上，本书的研究结论与预期假设基本一致。低成本战略关注成本，注重提高运营效率，通过持续的渐进创新从不同方面降低运营成本，获得持久的竞争优势。差异化战略关注产品独特性，关注新兴市场，通过力度强劲的突破创新使产品的差异性显著呈现出来，从而获得竞争优势，同时，差异化战略也重视渐进创新，关注成本的降低和创新知识的积累。因此，企业在创新实践中，应根据企业的竞争战略类型，进行创新资源投入、创新文化培养等活动，使企业的创新方式与竞争战略相匹配。

5.2.2 创新对企业绩效的影响

H3 探讨的是渐进创新与企业绩效的关系，假设内容是"渐进创新对企业绩效有正向影响"，检验结果表明 H3 通过验证，这一结论与相关学者的研究结论一致（如：Jha et al., 1996；Palmer & Roger, 2002；Oke & Adegoke, 2007；Auh & Menguc, 2008；汤浩瀚，2008 等）。企业的渐近创新可以大大降低产品成本，降低原料、燃料、动力的消耗，这种创新与市场开拓相结合，获取最佳商业利益，最终就体现在提高了企业的市场竞争力。渐进性创新对现有产品的改变相对较小，能充分发挥已有技术的潜能，并经常能强化现有的成熟型公司的优势，特别是强化已有企业的组织能力，对公司的技术能力、规模等要求较低（Nelson，1995）[255]。在制造业企业中，渐进性创新主要表现为完善产品性能、简化生产流程、减少浪费等（Samson & Terziovski, 1999）[256]。这些持续的小创新活动不断地改善着企业的技术状态，具有巨大的累积性效果，推动企业绩效的提升（Jha et al.，1996）[257]。

H4 探讨的是突破创新与企业绩效的关系，假设内容是"突破创新对企业绩效有正向影响"，检验结果表明 H4 通过验证，这一结论与相关学者的研究结论一致（如：Oke & Adegoke，2007；Auh & Menguc，2008；汤浩瀚，2008等）。突破创新运用与从前完全不同的科学技术与经营模式，以创新的产品、生产方式以及竞争形态，对市场与产业做出翻天覆地的改造，从而使企业的产品在性能、质量方面处于领先地位而够获取更多的新顾客，拓展企业的市场领域，成为这一市场的引领者。实施突破性创新可以使企业获取专有性的隐性知识和难以被其他企业模仿的技术（付玉秀，张洪石，2004），从而能够获得垄断性地位而获得超额利润。另外，突破性创新也有可能为企业带来全新的产品特色，提高现有功能指标，显著降低产品成本（Richard Leifer，2000），从而提高企业绩效。

H3、H4 通过检验表明，无论是渐进创新还是突破创新都能够提高企业绩效。随着国际经济科技一体化进程加快，区域化经济趋势增强，科技发展日新月异，市场环境激烈竞争，企业需要不断地创新。企业的创新活动是提高组织绩效的一个重要途径，创新对企业价值创造的影响越来越大。产品创新能够提供更好的满足顾客需求的产品，从而增强组织的市场开拓能力和竞争能力，并为企业带来丰厚的利润。工艺创新能够降低生产成本和增强弹性生产能力，从而改进组织绩效和提升竞争力。核心能力是企业获取竞争优势以提升组织绩效的基础，从长期来看，组织的核心能力来自推出比竞争者更快速、成本更低的产品的能力。即以技术创新为基础的核心技能力的提升，促进企业绩效增长。

5.2.3 创新的中介效应

H8 探讨的是渐进创新对低成本战略与企业绩效关系的中介作用，假设内容是"渐进创新在低成本战略与企业绩效关系中起中介作用"，检验结果表明 H8 通过验证，且发现渐进创新在此关系中起部分中介作用。

H9 探讨的是突破创新对差异化战略与企业绩效关系的中介作用，假设内容是"突破创新在差异化战略与企业绩效关系中起中介作用"，检验结果表明 H8 通过验证，且发现突破创新在此关系中起部分中介作用。

以往的理论和实证研究都认为企业的竞争战略会对企业的绩效具有重要的影响，但对于企业竞争战略影响企业绩效的传导机制，相关研究比较少，阿莫亚科·吉亚姆帕和阿库瓦（2007）通过对加纳制造业企业业绩的考察发现，质量制造战略中介了竞争战略对企业绩效的影响。郑兵云（2011）从理论上分析动态能力对竞争战略与企业绩效关系发生中介效应。本研究引入企业的创新行为来解释企业竞争战略影响企业绩效的传导机制。具体地，企业低成本战略会显著提高企业渐进创新水平，进而提高企业绩效；企业差异化战略会显著提高突破创新水平，进而提高企业绩效。这里的理论逻辑是：企业的竞争战略（战略）会带来企业创新行为（组织行为）的差异，而企业创新（组织行为）的差异会影响企业绩效。这种"战略→组织行为→企业绩效"的理论逻辑被很多理论和实证研究所采纳。

本研究的实证结果验证了这两个假设，同时还发现渐进创新在差异化战略与企业绩效关系中也起着部分中介作用，这是本研究未曾预料和假设的。这样，渐进创新和突破创新都对差异化战略与企业绩效关系起着中介作用，不过，从路径系数来看，突破创新的中介作用（$0.89 \times 0.48 = 0.427$）比渐进创新的作用（$0.20 \times 0.27 = 0.054$）大很多。

本研究发现在竞争战略影响企业绩效的过程中，创新扮演着中介的角色。渐进创新部分中介低成本战略对企业绩效的影响，而突破创新和渐进创新都部分中介差异化战略对企业绩效的影响。这意味着企业无论实施何种竞争战略，都必须注意发挥创新的重要作用，使创新成为竞争战略与企业绩效的联系桥梁。在激烈的全球竞争和产品生命周期越来越短的情况下，创新是企业持续成长的源泉，是企业管理活动的主流。持续的渐进创新对低成本战略企业意义重大。企业通过持续的渐进式创新，逐步缩短与创新领先者的距离，或者从技术创新领先者的失败中找到经验教训。管理实践中，实施低成本战略的企业，其创新大多属于渐进型创新，运营效率的提高也是通过渐进创新实现的。联想集团就采用边干边学、渐进型创新的方法，把技术能力分化为工程化能力和研发能力，产品不断优化升级，使其电脑业务在国内获得成功[258]①。突破创新为差异化战略企业建立了较高的技术壁垒，难以被其他企业模仿，能够获得持久

---

① 联想集团的竞争战略类型曾有一些争议，本研究认为在早期联想集团实施低成本战略，近期开始在多个业务单元实施差异化战略。本研究中联想集团的创新行为发生在早期（2000年之前）。

的竞争优势与绩效提升。需要注意的是，突破创新需要有长期、周密的战略规划，巨大的研发投入和切实的实施计划与管理，在技术、市场、组织和资源等方面都具有较高的不确定性，企业应具有较高的风险预测和承担能力。

5.3　环境的调节效应讨论

5.3.1　环境动态性的调节效应

H10a 探讨的是环境动态性对低成本战略与企业绩效关系的负向调节作用，假设内容是"在动态性高的环境中，低成本战略与企业绩效的关系将减弱"，检验结果表明符号与预期一致，但不具备显著性，因此，假设 H10a 未能完全通过检验。

这说明在动荡多变的环境中，部分实施低成本竞争的企业所创造的竞争优势遭到一定程度的侵蚀与丧失。由于信息技术和网络技术的快速发展和传播，使新技术更加广泛而迅速地扩散，产品生命周期大大缩短。快速变化的产品创新和技术创新使企业现有的资源失去效力，也可能是竞争的方式、领域发生变化。低成本战略的实施者由于其主要强调稳定而不是变化，在研发方面主要注重生产过程创新而不是产品创新，因此，其有效的资源在一定程度上被技术的发展所侵蚀而导致竞争优势的丧失[259]。波特（1980）也指出低成本战略的一个致命的缺点是：产业技术变革会导致生产过程工艺和技术的突破，使实行成本领先战略的企业过去的大量投资和由此产生的高效率一下子丧失优势，并给竞争对手造成以更低成本进入的机会。

H10b 探讨的是环境动态性对差异化战略与企业绩效关系的正向调节作用，假设内容是"在动态性高的环境中，差异化战略与企业绩效的关系将增强"，检验结果表明符号与预期一致，且具备显著性。因此，假设 H10b 完全通过检验，这一结论与张映红（2008）的实证研究结论一致。在全球化和信息技术条件下，环境的动态性特征更加明显。在高动态环境中，消费者喜好和竞争者产品的频繁变化要求企业不停地创新或市场侵占，从而使消费者相信其新产品或现有产品的优越性。换句话说，频繁变化的环境适合差异化战略提供相关或更有吸引力的产品（Miller，1991）。差异化战略导向型企业具备创新、变革的特征，大多愿意接受高风险、高报酬的计划，而且总是以勇敢积极的态度去把握机会，从而能够加强组织在动态环境下持续构建竞争优势（Covin & Slevin，1989）。市场和技术的快速变化，为企业创造差异化优势提供了有利条件，可以率先将新产品或服务导入市场，从而更容易适应环境的变化。

5.3.2 环境复杂性的调节效应

H10c 探讨的是环境复杂性对低成本战略与企业绩效关系的负向调节作用，假设内容是"在复杂性高的环境中，低成本战略与企业绩效的关系将减弱"，检验结果表明符号与预期一致，但不具备显著性，因此，假设 H10c 未能完全通过检验。这个结论表明在简单环境中，低成本战略企业的竞争优势能够得到一定程度的体现，但并不具有显著性。

H10d 探讨的是环境复杂性对差异化战略与企业绩效关系的正向调节作用，假设内容是"在发展性高的环境中，差异化战略与企业绩效的关系将增强"，检验结果表明符号与预期相反，但具备显著性，因此，假设 H10b 不能通过检验，本研究反向接受假设，即"在发展性高的环境中，差异化战略与企业绩效的关系将减弱"，环境复杂性对差异化战略与企业绩效的关系具有反向调节作用。这说明在高度动态环境中，采取差异化战略姿态的公司可能是低绩效的，这与笔者的预期分析相反，也与米勒（1983）等学者研究得出的结论相反。这种结论上的差别，恰好反映了不同经济环境中企业竞争战略行动的差异。本研究结果可以从中国转型经济的特点和公司战略决策的特征得到解释。

环境复杂性是指公司细分市场中顾客需要和期望的多样化、竞争的多样性和技术的多样性等，环境的复杂性削弱决策对环境因素和决策后果的判断力，但同时也提供了开发细分市场和新市场的机会。在西方比较规范的市场经济环境中，公司在采取实施差异化战略前对市场进行谨慎的扫描与预测，尽量减少不利影响，表现出一种"谨慎理性"的竞争行为。而在中国目前转型时期经济环境中，由于法治不健全、信用体系不完备、经济主体的行为不规范、企业制度不完善等因素的存在，使企业的经营环境中存在大量不确定性因素，企业很难对外部环境进行准确判断，公司的战略决策和实施过程面对较大的风险。从而，许多企业的差异化战略行动就可能是一种"冒险"的竞争行为。由此，在高度复杂性环境中经营的企业的冒险行为将受到惩罚，并与低的企业绩效相联系（张映红，2008）。

5.3.3　环境宽松性的调节效应

H10e 探讨的是环境宽松性对低成本战略与企业绩效关系的负向调节作用，假设内容是"在宽松性高的环境中，低成本战略与企业绩效的关系将减弱"，检验结果表明符号与预期一致，但不具备显著性，因此，假设 H10e 未能完全通过检验。这个结论表明低成本战略企业适合于宽松较低的环境中，其运营效率等优势才能充分体现，但并不具有显著性。

H10f 探讨的是环境宽松性对差异化战略与企业绩效关系的正向调节作用，假设内容是"在宽松性高的环境中，差异化战略与企业绩效的关系将增强"，检验结果表明符号与预期一致，且具备显著性，因此，假设 H10f 完全通过检验，这一结论与阿库瓦等（2008）的研究一致。阿库瓦等（2008）对加纳企业的竞争战略、环境特征及绩效的关系研究得出以下结论，产业竞争强度对低成本战略—销售利润率关系、差异化战略—销售利润率关系均存在调节效应；低成本战略更适合于竞争性行业，差异化战略更适合于垄断性行业。高宽松性环境提供了创新和差异化所需的资源（Ward，Bickford，Leong 1996），企业的差异化战略会得到全面的贯彻与执行，各种市场策略如产品和技术创新、研发大量投入、引进新的管理模式核技术等的作用会发挥得更好，企业绩效也会得以优化。高度非宽松环境下，缺乏市场机遇且竞争过于激烈导致通过差异化追求独特的竞争优势并不能立即产生效益（Hsueh‐Liang Wu et al.，2007）。

本研究发现，环境切实地影响到了企业竞争战略的绩效表现，环境对差异化战略与企业绩效关系的调节作用更显著，相比而言，环境对低成本战略与企业绩效关系的调节作用不太明显。这也说明企业特别是实施差异化战略的企业，要重视环境、战略与绩效之间的协调，关注战略与环境的匹配。正如文卡特拉曼（Venkatraman，1989）所言，企业在制定战略时需要考虑到各种环境因素，没有一个普遍的对任何组织都有利的竞争战略导向的选择标准，企业必须仔细扫描所处的组织环境和外部环境才能做出正确的战略选择。环境切实地影响到了企业战略的选择，同时环境和战略制定之间的相互关系直接影响到了企业的绩效。本研究结论也验证了权变战略管理学者（Covin，Slevin，1988；

Lee，Miller，1996；Griffith et al.，2006 等）认为环境对竞争战略与企业绩效关系存在调节效应的观点。

最能显现环境复杂性、动态性和竞争性的是处于过渡经济中的企业，但需要特别强调的是，中国过渡经济中的企业不仅是在技术变革和超强竞争等因素所共同影响的动态环境中展开经营活动的，而且处在由传统的计划经济向有中国特色的社会主义市场经济转轨和产业不断升级换代的过程中，环境特征对竞争战略绩效的调节作用与基于成熟市场经济中的形式存在不同，这一点在实证研究中需要特别注意。由于面临着更多的动态变化，更多的复杂性和不确定性，从而对动荡环境下中国企业的有效管理提出了更严峻的挑战和更迫切的要求。所以，科学地对待竞争战略与组织绩效之间的关系以及环境特征的调节影响，是任何企业必须正视的难题（王永贵等，2004）。

5.4　一个综合讨论

实证检验了理论模型和相关假设，结果表明 17 个假设中有 10 个假设获得显著性支持；5 个假设尽管和预期符号一致但因不显著而被拒绝；2 个假设与预期符号相反，但具有显著性。通过验证的假设能够揭示两种竞争战略、创新行为、环境特征和企业绩效等要素之间的作用关系，这是本研究的理论贡献之一。

5.4.1　低成本战略对企业绩效的影响机制

低成本战略对企业绩效的影响有两种方式，一种是直接方式，另一种是间接方式，间接影响是通过渐进创新的中介作用实现的。低成本战略对企业绩效的直接影响系数为 0.35；低成本战略影响渐进创新，而渐进创新影响企业绩效，从而低成本战略通过渐进创新对企业绩效的间接影响系数为 0.243（0.90×0.27）。从影响系数上比较，低成本战略对企业绩效的直接影响比间接影响大。

环境的动态性、复杂性、宽松性对低成本战略与企业绩效关系的调节作用都不显著，实施低成本战略的企业，其绩效表现更取决于企业的战略执行情况及创新等内部组织行为。

这样，同时考虑直接效应、基于渐进创新的间接效应及环境的调节效应，低成本战略对企业绩效的影响机制如图 5-1 所示。

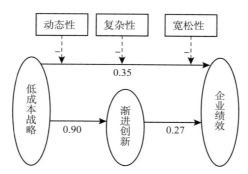

图 5-1　低成本战略对企业绩效的影响机制

注：虚线表示调节作用不显著。

5.4.2　差异化战略对企业绩效的影响机制

差异化战略对企业绩效的影响有两种方式，一种是直接方式，另一种是间接方式，间接影响是通过突破创新和渐进创新的中介作用实现的。差异化战略对企业绩效的直接影响系数为 0.27；差异化战略影响突破创新，而突破创新影响企业绩效，从而差异化战略通过突破创新对企业绩效的间接影响系数为 0.427（0.89×0.48），差异化战略影响渐进创新，而渐进创新影响企业绩效，从而差异化战略通过渐进创新对企业绩效的间接影响系数为 0.054（0.20×0.27），这样差异化战略对企业绩效的间接影响系数为 0.481（0.427+0.054）。从影响系数上比较，差异化战略对企业绩效的直接影响比间接影响小。

环境的动态性、复杂性、宽松性对差异化战略与企业绩效关系的调节作用都显著，环境的动态性越高，差异化战略对企业绩效的正向影响越强烈；环境的复杂性越高，差异化战略对企业绩效的正向影响越减弱；环境的宽松性越高，差异化战略对企业绩效的正向影响越强烈。相比而言，环境特征对差异化战略与企业绩效关系的调节作用比对低成本战略与企业绩效关系的调节作用要显著。

这样，同时考虑直接效应、基于突破创新和渐进创新的间接效应及环境的调节效应，差异化战略对企业绩效的影响机制如图 5-2 所示。

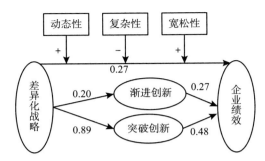

图 5 - 2　差异化战略对企业绩效的影响机制

第 6 章

结论与展望

6.1 研 究 结 论

竞争战略对企业绩效的影响一直是战略管理领域的重要问题，目前的相关研究集中在竞争战略能否提高企业绩效，以及不同竞争战略的绩效比较，深入讨论竞争战略影响企业绩效的机制的研究比较少。本研究试探性地引入企业的创新行为，从理论上分析创新对竞争战略与企业绩效关系的中介效应，并进行实证检验；同时，本研究还考察了环境特征对竞争战略与企业绩效关系的调节效应。

基于本书的分析论证，最终形成了四个主要的研究结论：

1. 低成本战略和差异化战略都对企业绩效有直接影响

本研究表明，低成本战略和差异化战略的实施都能够直接正向影响企业绩效。因此，企业在激烈的竞争中必须根据内部资源和外部环境制定和实施明确的竞争战略，也许是低成本战略，也许是差异化战略，当然，也有可能是低成本战略和差异化战略同时实施的混合战略。正如米勒（1986）所说"企业必须至少制定一种明确的竞争战略"。

2. 低成本战略和差异化战略都有利于企业的创新

本研究表明，低成本战略和差异化战略都有利于企业的创新，但不同的竞争战略其创新行为不同，低成本战略重视进行渐进创新，而差异化战略同时进行突破创新和渐进创新。

低成本战略关注成本，注重提高运营效率，通过持续的渐进创新从不同方面降低运营成本，获得持久的竞争优势。差异化战略关注产品独特性，关注新兴市场，通过力度强劲的突破创新使产品的差异性显著呈现出来，从而获得竞争优势，同时，差异化战略也重视渐进创新，关注成本的降低和创新知识的积累。因此，企业在创新实践中，应根据竞争战略类型，进行创新资源投入、创新文化培养等活动，使企业的创新方式与竞争战略相匹配。

3. 企业的创新对竞争战略与企业绩效关系起部分中介作用

本研究在已有文献研究成果的基础上，探索性地将企业的创新作为竞争战略影响企业绩效的中介变量，并加以实证检验。结果表明：企业的创新在竞争战略与企业绩效关系中起显著的中介作用。具体而言，低成本战略有利于企业的渐进创新，渐进创新可以提供企业绩效，渐进创新部分中介了竞争战略与企业绩效的关系；差异化战略有利于企业的突破创新和渐进创新，突破创新和渐进创新都可以提高企业绩效，突破创新和渐进创新在差异化战略与企业绩效关系中起部分中介作用。

因此，低成本战略对企业绩效的影响有两种方式，一种是直接方式，另一种是间接方式，间接影响是通过渐进创新的中介作用实现的。从影响系数上比较，低成本战略对企业绩效的直接影响比间接影响大。

差异化战略对企业绩效的影响有两种方式，一种是直接方式，另一种是间接方式，间接影响是通过突破创新和渐进创新的中介作用实现的。但从影响系数上比较，差异化战略对企业绩效的直接影响比间接影响小。

4. 环境特征对低成本战略与企业绩效关系的调节作用不明显，对差异化战略与企业绩效关系的调节作用显著

本研究的实证表明，环境的动态性、复杂性、宽松性对低成本战略与企业绩效关系的调节作用都不显著，实施低成本战略的企业，其绩效表现更取决于企业的战略执行情况及创新等内部组织行为。

环境的动态性、复杂性、宽松性对差异化战略与企业绩效关系的调节作用都显著。环境的动态性越高，差异化战略对企业绩效的正向影响越强烈；环境

的复杂性越高，差异化战略对企业绩效的正向影响越减弱；环境的宽松性越高，差异化战略对企业绩效的正向影响越强烈。

6.2　管　理　启　示

本研究突破竞争战略对企业绩效影响研究的直接视角，系统考虑两种竞争战略对企业绩效的直接效应、基于企业创新的间接效应和环境的调节效应，提出一个整合模型，并通过问卷数据进行实证研究，研究结论给予我们一些管理启示。

（1）本研究发现，在竞争战略影响企业绩效的过程中，创新扮演着中介的角色。渐进创新部分中介低成本战略对企业绩效的影响，而突破创新和渐进创新都部分中介差异化战略对企业绩效的影响。这意味着企业无论实施何种竞争战略，都必须注意发挥创新的重要作用，使创新成为竞争战略与企业绩效的联系桥梁。同时，企业在创新实践中，应根据企业的竞争战略类型，进行创新资源投入、创新文化培养等活动，使企业的创新方式与竞争战略相匹配。

在激烈的全球竞争和产品生命周期越来越短的情况下，创新是企业持续成长的源泉，是企业管理活动的主流。持续的渐进创新对低成本战略企业意义重大。企业通过持续的渐进式创新，逐步缩短与创新领先者的距离，或者从技术创新领先者的失败中找到经验教训。在管理实践中，实施低成本战略的企业，其创新大多属于渐进型创新，运营效率的提高也是通过渐进创新实现的。突破创新为差异化战略企业建立了较高的技术壁垒，难以被其他企业模仿，能够获得持久的竞争优势与绩效提升。需要注意的是，突破创新需要有长期、周密的战略规划，巨大的研发投入和切实的实施计划与管理，在技术、市场、组织和资源等方面都具有较高的不确定性，企业应具有较高的风险预测和承担能力。

（2）环境的不同维度对竞争战略绩效关系的调节效应不同，需要区别对待。环境的动态性、复杂性、宽松性对低成本战略与企业绩效关系的调节作用都不显著，实施低成本战略的企业，其绩效表现更取决于企业的战略执行情况及创新等内部组织行为。而环境的动态性、复杂性、宽松性对差异化战略与企业绩效关系的调节作用都显著，且调节效应不一致。因此，实施差异化战略的企业更加需要敏锐感知这些因素，正确理解其对企业可能造成的影响，发挥协同效应，进行动态控制，要重视环境、战略与绩效之间的协调，关注战略与环境的匹配。正如文卡特拉曼（1989）所言，企业在制定战略时需要考虑到各种环境因素，企业必须仔细扫描所处的组织环境和外部环境才能做出正确的战略选择。环境切实地影响到了企业战略的选择，同时环境和战略制定之间的相互关系直接影响到了企业的绩效。

最能显现环境复杂性、动态性和竞争性的是处于过渡经济中的企业，但需要特别强调的是，中国过渡经济中的企业不仅是在技术变革和超强竞争等因素所共同影响的动态环境中展开经营活动的，而且处在由传统的计划经济向有中国特色的社会主义市场经济转轨和产业不断升级换代的过程中，环境特征对竞争战略绩效的调节作用与基于成熟市场经济中的形式存在不同，这一点在实证研究中需要特别注意。由于面临着更多的动态变化，更多的复杂性和不确定性，从而对动荡环境下中国企业的有效管理提出了更严峻的挑战和更迫切的要求。所以，科学地对待竞争战略与组织绩效之间的关系以及环境特征的调节影响，是任何企业都必须正视的难题（王永贵等，2004）。

6.3　研究局限与展望

本研究采用了理论研究与实证研究相结合的方法对波特两种基本竞争战略影响企业绩效的机制问题进行了探讨。尽管本研究在理论推导和实证研究上力求符合科学的原则，基本达到了预期的研究目标，并获得了一些非常有价值的研究结论，但由于研究时间、经费以及个人学识方面等种种原因，本研究还存在一些局限性，主要表现在以下几个方面。

1. 数据采集的时间设计

本研究采用横截面的研究设计，但是竞争战略和创新行为的实施和效果的产生都需要经历一定的时间，未来研究采用纵向设计将更有利于深入发掘这些变量之间的联系，可以考虑对访谈企业进行跟踪调查，分阶段获取数据。

2. 样本数据收集方面

本研究花费了大量的精力对调查问卷进行发放与回收，获得的数据基本满足了样本量的要求，但是，样本抽样的随机性还不够。同时，由于受时间、财力和社会关系网络的限制，本研究的样本主要来自江苏、北京、上海、安徽等地，同时样本兼顾了湖北、河北等地，但是，对西部地区较少涉及，这可能在一定程度上降低了样本的代表性。

3. 其他影响因素的控制

本研究对可能影响企业创新和企业绩效的变量进行了控制，包括企业年龄、企业规模、行业属性、地域等。但是，可能还有其他因素会对企业的创新与企业绩效有影响。在后续的研究中，需要进一步探讨。

4. 变量测度方面

本研究主要采用李克特7点量表来测度企业的低成本战略、差异化战略、渐进创新、突破创新、环境特征及企业绩效。尽管对变量的测度进行了信度和效度检验，但是，主观的评测方法仍然可能在一定程度上影响变量测度的可靠性和准确性。未来研究可增加问卷调查和数据收集上的投入，适当增加客观性测量报告数据的比例，以进一步增强实证研究结果的说服力。

此外，竞争战略对企业绩效的影响机制是一个复杂的问题，本研究提出了从中介视角研究二者的关系，并将企业创新作为中介变量进行理论分析和实证检验。除了企业创新外，还可以考虑其他的变量是否可以在这个过程中起中介作用，如基于资源基础观的动态能力，等等。这也是后续研究考虑和深入研究的方向之一。

参 考 文 献

［1］曾鸣. 龙行天下［M］. 北京：商务印书馆，2008.

［2］Ketchen D. J. , Thomas J. B. , Mc Deniel R. R. . Process, Content and Context: Synergistic Effects or Organizational Performance［J］. Journal of Management. 1996. 22（21）: 231 - 257.

［3］迈克尔. 波特著，陈小悦译. 竞争战略［M］. 北京：华夏出版社，2007.

［4］Campbell - Hunt, Colin. What Have We Learned About Generic Competitive Strategy? A Meta Analysis［J］. Strategic Management Journal, 2000, 21（2）: 127 - 154.

［5］Amoako - Gyampah K. , Acquaah M. . Manufacturing Strategy, Competitive Strategy And Firm Performance: An Empirical Study In A Developing Economy Environment［J］. International Journal of Production Economics, 2007, Doi: 10. 1016/J. ijpe. 2007. 02. 030.

［6］薛红志. 试论竞争战略对创业导向——绩效关系的影响［J］. 外国经济与管理，2005，27（12）: 82 - 90.

［7］孙永风，李垣，廖貅武. 基于不同战略导向的创新选择与控制方式研究［J］. 管理工程学报，2007（4）: 24 - 30.

［8］郑兵云，陈圻. 竞争战略对绩效影响研究的新视角：一个整合模型［J］. 科技进步与对策，2011（4）: 28 - 23.

［9］艾尔弗雷德·D. 钱德勒. 战略与结构［M］. 昆明：云南人民出版社，2002.

［10］Ansoff H. I. . Corporate Strategy［M］. McGraw - Hill, New York, 1965.

［11］汪秀婷. 企业竞争战略的理论研究与实证分析［M］. 博士学位论文：武汉理工大学，2004.

［12］明茨伯格等．战略过程：概念、情境、案例［M］．北京：中国人民大学出版社，2005.

［13］蔡书堂．企业战略管理［M］．北京：石油工业出版社，2001.

［14］C. K. Prahalad，Gary Hamel．. The Core Competence of the Corporation［J］. Harvard Business Review，1990（5，6）.

［15］戴夫·弗朗西斯．竞争战略进阶［M］．大连：东北财经大学出版社，2003.

［16］李庆华，项保华．基于企业竞争战略的企业性质研究［J］．中国软科学，2002（11）：58－61.

［17］周三多，邹统钎著．战略管理思想史［M］．上海：复旦大学出版社，2002.

［18］彭绍仲．企业竞争论［M］．北京：企业管理出版社，1998.

［19］杨锡怀．企业战略管理［M］．大连：东北大学出版社，1997.

［20］罗珉．企业竞争战略理论的创新［J］．财经科学，2001（1）：42－44.

［21］Dess G.，Newport S.，Rasheed A.. Configuration Research In Strategic Management：Key Issues And Suggestions［J］. Journal Of Management，1993，19（4）：775－795.

［22］Miles R. E.，Snow C. C.. Organizational Strategy，Structure And Process［M］. New York：Mcgraw－Hill，1978.

［23］Mintzberg H.. Patterns In Strategy Formation［J］. Management Science，1978，24（9）：934－948.

［24］Spanos Yiannis E，Zaralis George，Lioukas Spyros. Strategy And Industry Effects On Profitability：Evidence From Greece［J］. Strategic Management Journal，2004，25（2）：139－165.

［25］Acquaah M.，Yasai－Ardekani M.. Does The Implementation Of A Combination Competitive Strategy Yield Incremental Performance Benefits? A New Perspective From A Transition Economy In Sub－Saharan Africa［J］. Journal of Business Research，2008，61（4）：346－354.

［26］Wright，P.. A Refinement Of Porter's Generic Strategies［J］. Strategic Management Journal，1987，8（1）：93－101.

［27］Dess Gregory G.，Davis Peter S.. Porter's（1980）Generic Strategies As

Determinants Of Strategic Group Membership And Organizational Performance［J］. Academy of Management Journal，1984，27（9）：467 – 488.

［28］Robinson R. B.，Pearce J. A.. Planned Patterns Of Strategic Behavior And Their Relationship To Business Unit Performance［J］. Strategic Management Journal，1988（9）：43 – 60.

［29］Miller A，Dess G.. Assessing Porter's（1980）Model In Terms Of Its Generalizability，Accuracy And Simplicity［J］. Journal Management Study，1993（30）：553 – 85.

［30］陈圻. 迈克尔·波特"权衡"论的竞争演化诠释［J］. 商业经济与管理，2008，192（10）：23 – 27.

［31］Parnell J. A.. New Evidence In The Generic Strategy And Business Performance Debate：A Research Note［J］. British Journal of Management，1997（8）：175 – 181.

［32］Hudson R. A.. The Search For Competitive Advantag Through Simultaneous Execution Of Cost Leadership And Differentiation Strategies：An Investigation Into The Impact Of Multiple Strategieson The Financial Performancoffirmsin The Usautomotive Component Industry［D］. US：Nova Southeastern University，2001.

［33］谢锦堂，刘祥熹. Porter 基本策略之绩效涵义［J］. 东吴经济商学学报，2005（51）：1 – 36.

［34］Kim L.，Lim Y.. Environment，Generic Strategies，And Performance In A Rapidly Developing Economy：A Taxonomic Approach［J］. Academy Of Management Journal，1988（31）：802 – 27.

［35］Carter N. M.，Stearns T. M.，Reynolds P. D.. New Venture Strategies：Theory Development With An Empirical Base［J］. Strategic Management Journal 1994（15）：21 – 41.

［36］Mcdougall，Robinson. New Venture Strategies：An Empirical Identification Of Eight "Ache Types" Of Completive Strategies Of Entry［J］. Strategic Management Journal 1990，11（6）：447 – 467.

［37］Kim E.，Nam D.，Stimpert J.. Testing The Applicability Of Porter's Generic Strategies In The Digital Age：A Study Of Korean Cyber Malls［J］. Journal Bussiness Strategy，2004（21）：19 – 45.

［38］Miller D. , Friesen. P. H. . Porter's （1980） Generic Strategies and Performance：an Empirical Examination with America Data （Part I：Testing Porter）［J］. Organization Studies, 1986a, 7 （1）：37 – 55.

［39］Miller D. , Friesen P. H. . Porter's （1980） Generic Strategies and Performance：an Empirical Examination with America Data （PartII：Performance Implications）［J］. Organization Studies, 1986b, 7 （3）：255 – 61.

［40］Phillips L. W. , Chang, D. R. , Buzell, R. D. . Product Quality, Cost Position, And Business Performance：A Testof Some Key Hypotheses ［J］. Journal of Marketing, 1983 （47）：26 – 43.

［41］White Roderick E. . Generic Business Strategies, Organizational Context And Performance：An Empirical Investigation ［J］. Strategic Management Journal, 1986, 7 （3）：217 – 231.

［42］David J. S. , Hwang Y. , Pei, B. K. , W. Reneau. The Performance Effects Of Congruence Between Product Competitive Strategies And Purchasing Management Design ［J］. Management Science. 2002 （48）：866 – 886.

［43］Allen Richard S. , Marilyn M. , Samuel A. . Critical Tactics For Implementing Porter's Generic Strategies ［J］. Journal of Business Strategy, 2006, 27 （1）：43 – 53.

［44］Reger R. K. , Huff A. . Strategic Groups：A Cognitive Perspective ［J］. Strategic Management Journal, 1993, 14 （2）：104 – 124.

［45］Nayyar Praveen R. . On The Measurement Of Competitive Strategy：Evidence From A Large Multiproduct U. S. Firm ［J］. Academy Of Management Journal, 1993, 36 （6）：1652 – 1669.

［46］肖玲诺，姜振寰，冯英浚. 知识经济下的管理有效性 ［J］. 科学学研究，2005 （4）：531 – 35.

［47］Yaimin R. , Gunasekaran A. , Mavondo F. T. . Relationship between Generie Strategy, Competitive Advantage, and Firm Performanee：An Empirical Analysis ［J］. Technovation, 1999, 19 （8）：507 – 518.

［48］Buzzell R. D. , Gale B. T. . The PIMS Preciples：Linking Strategy To Performance ［M］. NewYork：The Free Press, 1987.

［49］Zahra S. A. , Bogner W. C. . Technology Strategy And Software New Ventures, Performance: Exploring The Moderating Effeet Of The Competitive Environment [J]. Journal of Business Venturing, 2000, 15 (2): 135 – 173.

[50] Raviehandran T., Lertwongsatien C.. Effect Of Information System Resourees And Capabilities On Firm Performanee: A Resource Based Perspective [J]. Joumal of Management Information Systems, 2005, 21 (4): 237 – 276.

[51] Rai A., Patnayakuni R., Seth N.. Firm Performance Impacts Of Digitally Enabled Supply Chain Integration Capabilities [J]. MIS Quarterly, 2006, 30 (2): 225 – 246.

[52] Zahra S. A., George G.. The Net-enabled Business Innovation Cycle And The Evolution Of Dynamic Capabilities [J]. Information Systems Researeh, 2002, 13 (2): 147 – 150.

[53] Parker B., M. Helms. Generic Strategies And Firm Performance In A DecliningIndustry [J]. Management International Review, 1992, 32 (1): 23 – 39.

[54] Hambrick D. C.. High Profit Strategies In Mature Capital Goods Industries: A Contingency Approach [J]. Academy Of Management Journal, 1983 (26): 687 – 707.

[55] Wright P., Hotard D., Kroll M., Chan P., Tanner J.. Performance And Multiple Strategies In A Firm: Evidence From The Apparel Industry. In: Dean BV, Cassidy JC, Editors. Strategic Management: Methods And Studies. New York, NY: Elsevier – North Holland, 1990.

[56] Helms M. M., Haynes P. J., Cappel, S. D.. Competitive Strategies And Business Performance With In The Retailing Industry [J]. International Journal Of Retail And Distribution Management, 1992, 20 (5): 3 – 14.

[57] 郝晓玲, 孙强. 信息化绩效评价框架、实施与案例分析 [M]. 北京: 清华大学出版社, 2005.

[58] 李垣, 冯进路, 谢恩. 企业绩效评价体系的演进 [J]. 预测, 2003 (3): 34 – 38.

[59] McGee, L. W., Spiro, R. L.. The marketing concept in perspective [J]. Business Horizons, 1988: 40 – 45.

[60] Brush C., Vanderwerf P.. Comparison Of Methods And Sources For Obtaining Estimates Of New Venture Performance [J]. Joumal of Business Venturing,

1992，7（2）：157－170．

［61］王毅．企业核心能力与技术创新战略［M］．北京：中国金融出版社，2004．

［62］Zahra S. A. , Covin. Business Strategy, Technology Policy And Firm Performance［J］. Strategic Management Journal, 1993, 14（6）: 451－478.

［63］伯特·卡普兰、大卫·诺顿，刘俊勇、孙薇译．平衡计分卡［M］．广州：广东经济出版社，2004．

［64］Alamdari F. , Fagan S. . Impact Of The Adherence To The Original Low－Cost Model On The Profitability Of Low－Cost Airlines［J］. Transport Reviews, 2005, 25（3）: 377－392.

［65］蔺雷，吴贵生．我国制造企业服务增强差异化机制的实证研究［J］．管理世界，2007（6）：103－113．

［66］王铁男．竞争优势：低成本领先战略的理性思考——沃尔·马特与邯钢保持竞争优势的比较分析［J］．管理世界，2000（2）：189－196．

［67］刘睿智，胥朝阳．竞争战略、企业绩效与持续竞争优势［J］．科研管理，2008，29（6）：36－43．

［68］Hill C. W. L. . Differentiation Versus Low Cost Or Differentiation And Low Cost: A Contingency Framework［J］. Academy of Management Review, 1988, 13（3）: 401－412.

［69］Murray A. I. . A Contingency View of Porter's "Generic Strategies"［J］. Academy of Management Review, 1988, 13（3）: 390－400.

［70］Ward P. T. , Bickford D. J. , Leong G. . Configurations Of Manufacturing Strategy, Business Strategy, Environment And Structure［J］. Journal of Management, 1996, 22（4）: 597－626.

［71］Jones G. R. , Butler J. E. . Costs, Revenue, And Business－Level Strategy［J］. Academy of Management Review, 1988, 13（2）, 202－213.

［72］David Besanko, David Dranove, Mark Shanley. The Economics of Strategy［M］. John Wiley And Sons, Inc. , 1996.

［73］Joseph Pine. Mass customization—The New Frontier in Business Competition［M］. Boston: Harvard Business School Press, 1993.

［74］韵江．竞争战略新突破：来自低成本与差异化的融合［J］．中国工

业经济, 2003 (2): 9 - 15.

[75] 陈建勋, 杨正沛, 傅升. 低成本与差异化竞争优势的融合 [J]. 研究与发展管理, 2009, 21 (5): 57 - 64.

[76] Wright P. T. , Kroll M. , Tu H. , Helms M. . Generic Strategies And Busines Sperformance: An Empirical Study Of The Screw Machine Products Industry [J]. British Journal of Management, 1991 (2): 57 - 65.

[77] Porter M. E. . Competitive Advantage: Creating And Sustaining Superior Performance [M]. New York: Free Press, 1985.

[78] Koo C. M. , Koh C. E. , Nam K. . An Examination Of Porter's Competitive Strategies In Electronic Virtual Markets: A Comparison Of Two On - Line Business Models [J]. International Journal Of Electric Commerce, 2004 (9): 163 - 180.

[79] Covin J. G. , Slevin, D. P. . The Influence Of Organization Structure On The Utility Of An Entrepreneurial Top Management Style [J]. Journal Of Management Studies, 1988, 25 (3): 217 - 234.

[80] Lee J. , Miller D. . Strategy, Environment And Performance In Two Technoloical Contexts: Contingency Theory In Korea [J]. Organization Studies, 1996, 17 (5): 729 - 750.

[81] Griffith D. A. , Jacobs L. , Richey R. G. . Fiting Strategy Derived From Strategic Orientation To International Contexts [J]. Thunderbird International Business Review, 2006, 48 (2): 239 - 262.

[82] Lindawati Gani, Johnny Jermias. Performance Implications Of Environment - Strategy - Governance Misfit [J]. Gadjah Mada International Journal Of Business, 2009, 11 (1): 1 - 20.

[83] Hsueh - Liang Wu, Bou - Wen Lin, Chung - Jen Chen. Contingency View On Technological Differentiation And Firm Performance: Evidence In An Economic Downturn [J]. R&D Management, 2007, 37 (1): 75 - 88.

[84] Acquaah et al. . Competitive Strategy, Environmental Characteristics And Performance In African Emerging Economies: Lessons From Firms In Ghana. Journal Of African Business [J]. Journal Of African Business, 2008, 9 (1): 93 - 120.

[85] Gunnigle P. , Moore S. . Linking Business Strategy And Human Re-

source Management: Issues and Implications [J]. Personnel Review, 1994, 23 (1): 63 – 84.

[86] Youndt M. A. et al. . Human Resource Management, Manufacturing Strategy, And Firm Performance [J]. Academy of Management Journal, 1996, 39 (4): 836 – 866.

[87] Schuler R. S. , Jackson S. E. . Linking Competitive Strategies with Human Resource Management [J]. Academy of Management Executive, 1987, 1 (3): 207 – 219.

[88] Bea J. et al. . Human Resource Strategy And Firm Performance In Pacific Rim Countries [J]. International Journal of Human Resource Management, 2003, 14 (8): 1308 – 1332.

[89] 张正堂, 张伶, 刘宁. HRM 系统、竞争战略与企业绩效关系的实证研究 [J]. 管理科学学报, 2008, 11 (2): 132 – 144.

[90] Pelham A. M. . Influence Of Environment, Strategy, And Market Orientation On Performance In Small Manufacturing Firms [J]. Journal of Business Research, 1999, 45 (1): 33 – 46.

[91] Imenguc B. , Auh S. A. . Test of Strategic Orientation Formation Versus Strategic Orientation Implementation [J]. Journal of Marketing, 2005, 69 (2): 4 – 20.

[92] Ikujiro Nonaka, Hirotaka Takeuch. The Knowledge – Creating Company [M]. New York: Oxford University Press, 1995.

[93] Ramiro Montealegre. A Process Model Of Capability Development: Lessons From The Electronic Commerce Strategy At Bolsade Valoresde Guayaquil [J]. Organization Science, 2002, 13 (5): 514 – 531.

[94] 约瑟夫·熊彼特著, 何畏译. 经济发展理论 [M]. 北京: 商务印书馆, 1991.

[95] 约瑟夫·熊彼特著, 绛枫译. 资本主义、社会主义与民主 [M]. 北京: 商务印书馆, 1979.

[96] 林迎星. 创新的含义及其类型辨析 [J]. 研究与发展管理, 2002 (4): 6 – 9.

[97] 赵明剑. 突破性技术创新与技术跨越 [D]. 博士学位论文: 复旦大

学，2004.

[98] 常修泽，戈晓宇. 企业创新论 [J]. 经济研究，1989（2）：3－10.

[99] 陈文化，彭福扬. 关于创新理论和技术创新的思考 [J]. 自然辩证法研，1998，14（6）：37－41.

[100] 袁志刚. 知识经济学导论 [M]. 上海：上海人民出版社，1999.

[101] Akan Obasi, Allen Richard S., Helms, Marilyn M., Spralls, Samuel A.. Critical tactics for implementing Porter's generic strategies [J]. Journal of business strategy, 2006, 27（1）：43－53.

[102] Miller D. Configurations Of Strategy And Structure [J]. Strategic Management Journal, 1986, 7（3）：233－250.

[103] Miller D. The Structural And Environmental Correlates Of Business Strategy [J]. Strategic Management Journal, 1987, 8（1）：55－76.

[104] Segev E. A Systematic Comparative Analysis And Synthesis Of Two Business－Level Strategic Typologies [J]. Strategic Management Journal, 1989（10）：487－505.

[105] Dowling Michael J., McGee Jeffrey E.. Business And Technology Strategies And New Venture Performance：A Study Of The Telecommunications Equipment Industry [J]. Management Science, 1994, 40（12）：1663－1677.

[106] Montemayor Edilberto F.. Congruence Between Pay Policy And Competitive Strategy In High－Performing Firms [J]. Journal Of Management, 1996, 22（6）：889－908.

[107] Reklitis. P. Relating Corporate Innovative Behaviour To Porter's Strategies And Organizational Structure：The Case Of The Greek Industry [J]. Les Cahiers du Management Technologique, 2001, 11（1）：67－83.

[108] Fuentes M. Mar Fuentes., Montes F. Javier LlorÉNs., FernÁNdez Luis. Total Quality Management, Strategic Orientation And Organizational Performance：The Case Of Spanish Companies [J]. Total Quality Management & Business Excellence, 2006, 17（3）：303－323.

[109] Menguc B., Auh S., Shih E.. Transformational Leadership And Market Orientation：Implications For The Implementation Of Competitive Strategies And Business Unit Performance [J]. Journal Of Business Research, 2007, 60（4）：314－

321.

[110] Rodgers Svetlana. Innovation In Food Service Technology And Its Strategic Role [J]. International Journal of Hospitality Management, 2007, 26 (4): 899 – 912.

[111] Nikolaos Konstantopoulos, Panagiotis Trivellas, Panagiotis Reklitis. A Conceptual Framework Of Strategy, Structure And Innovative Behaviour For The Development Of A Dynamic Simulation Model [C]. Computation In Modern Science And Engineering, Proceedings Of The International Conference On Computational Methods In Science And Engineering, 2007: 1070 – 1074.

[112] 王雅旎. 基于突破性创新的组织模式研究 [M]. 硕士学位论文: 西安电子科学大学, 2007.

[113] 侯雁. 自主创新与企业竞争基本战略的相互关系 [J]. 科技进步与对策, 2008, 25 (12): 119 – 121.

[114] 于立宏, 郁义鸿. 基于纵向差异化的价值创新战略 [J]. 经济管理, 2007, 29 (1): 43 – 48.

[115] 王宏. 企业实施差异化战略研究 [J]. 生产力研究, 2007 (1): 111 – 113.

[116] 周培岩. 企业战略导向与绩效关系实证研究 [D]. 博士学位论文: 吉林大学, 2008.

[117] 高玉荣, 尹柳菅. 再论低成本领先战略 [J]. 江苏商论, 2005 (1).

[118] 黄越, 王培华. 基于成本领先战略的企业成本持续改进分析 [EB/OL]. http://www.cwgw.com/kjlww/lunwen_show.php? lunwen_id = 2117.

[119] 黄学工. 企业技术创新战略分析和选择 [EB/OL]. http://www.yxs.com.cn/htmlpage/luntan/2.htm.

[120] 蓝海林等. 技术创新与企业的战略选择 [J]. 科技进步与对策, 2001, (3): 62 – 65.

[121] WANG Hua. Innovation In Product Architecture – A Study Of Chinese Cars Made By Geely And Its Suppliers. Euromed Marseille – Ecole De Management [P]. Working Paper, 2007.

[122] 赵为民, 绕润平. 低成本为王——揭秘纵横全球的盈利模式 [M]. 北京: 世界知识出版社, 2008.

[123] 曾鸣. 龙行天下 [M]. 北京：商务印书馆, 2008.

[124] 曾鸣, 彼得·威廉姆斯. 龙行天下：中制造业未来十年新格局 [M]. 北京：机械工业出版社, 2008.

[125] 章钰. 基于技术创新的成本领先战略实施的案例研究 [J]. 企业经济, 2010 (4)：40 – 42.

[126] 褚冉冉, 魏娜, 徐灵平. 基于竞争战略视角的技术创新模式研究 [J]. 全国商情, 2008 (10)：21 – 22.

[127] 施蕾. 基于企业竞争战略的技术创新选择研究 [D]. 硕士学位论文：西北大学, 2008.

[128] 蔡建峰, 王鼎周, 夏炜. 不同创新策略对企业竞争优势的影响分析及仿真研究 [J]. 科技管理研究, 2009 (6)：13 – 17.

[129] 约瑟夫·熊彼特. 经济发展理论 [M]. 北京：商务印书馆, 2000.

[130] 王大洲, 关士续. 制度、技术和创新 [J]. 自然辩证法通讯, 1996, 18 (6)：24 – 30.

[131] 常修泽, 戈晓宇. 企业创新论 [J]. 经济研究, 1989 (2)：3 – 10.

[132] 芮明杰. 现代企业管理创新 [M]. 太原：山西经济出版社, 1998.

[133] Clayton M. Christensen. The Innovator'S Dilemma：When New Technologies Cause Great Firms To Fail [M]. Boston：Harvard Business School Press, 1997：143.

[134] Vadim Kotelnikov. Radical Innovation Versus Incremental Innovation [M]. Boston：Harvard Business School Press, 2001：352.

[135] Mohan Subramaniam, Mark A. Youndt. The Influence Of Intellectual Capital On The Types Of Innovative Capabilities [J]. Academy of Management Journal, 2005, 48 (3)：450 – 463.

[136] 薛红志. 突破性技术之间的竞争与主导范式的形成 [J]. 中国科技论坛, 2006 (5)：26 – 31.

[137] 沈灏, 李垣, 苏中锋. 战略类型对创新选择的影响：基于能力的观点 [J]. 科学性与科学技术管理, 2009 (6)：53 – 57.

[138] Hull F. M., Hage, J., Azumi, K.. R&D management Strategies：American Versus Japan [J]. IEEE Transactions on Engineering Management, 1985 (32)：78 – 83.

［139］彭灿，陈丽芝. 突破性创新的战略管理：框架、主题与问题［J］. 科研管理，2008，29（1）：34－40.

［140］James G March. Exploration And Exploitation In Organizational Learning ［J］. Organizational Seience，1991（2）：71－87.

［141］Nelson. R. R，Winter. S. G.. An Evolutionary Theory Of Economic Change ［M］. Cambridge Mass：Harvard University Press，1982.

［142］Sahal D.. Patterns Of Technological Innovation ［M］. London：Addison Wesley，1981.

［143］Aderson P.，Tushman M.. Technological Discontinuities And Dominant Designs：A Cyclical Model Of Technologieal Change ［J］. Administrative Science Quarterly，1990，35：604－634.

［144］Melissa A. Schilling 著，谢伟、王毅译. 技术创新的战略管理 ［M］. 北京：清华大学出版社，2005.

［145］柳卸林. 不连续创新的第四代研究开发 ［J］. 中国工业经济，2000（9）：53－57.

［146］赵明剑，司春林. 突破性技术创新对实现技术跨越的作用研究 ［J］. 科技导报，2004（2）：32－36.

［147］秦辉，傅梅兰. 渐进性创新与突破性创新：科技型中小企业的选择策略 ［J］. 软科学，2005，19（1）：78－79.

［148］Richard Leifer et al.. Radical Innovation：How Mature Companies Can Outsmart Upstarts ［M］. Boston：Harvard Business School Press，2000.

［149］赵明剑. 突破性技术创新与技术跨越 ［D］. 博士学位论文：复旦大学，2004.

［150］R. Henderson.，K. Clark. Architectural Innovation：The Reconfiguration Of Existing Product Technologies And The Failure Of Established Firms ［J］. Administrative Science Quarterly，1990（35）：9－30.

［151］F. J. Olleros. Emerging Industries And The Burnout Of Pioneers ［J］. Journal of Product Innovation Management，1986（1）：5－18.

［152］Aderson P.，Tushman M. T echnological Discontinuities And Dominant Designs：A Cyclical Model Of Technologieal Change ［J］. Administrative Science Quarterly，1990（35）：604－634.

[153] 克雷顿．克里斯滕森著，吴潜龙译．创新者的窘境 ［M］．南京：江苏人民出版社，2001.

[154] R. N. Foster. Innovation：The Attackers Advantage ［M］. New York：Summit Books，1986.

[155] 许庆瑞．研究、发展与技术创新管理 ［M］．北京：高等教育出版社，2000.

[156] 陈劲，戴凌燕，李良德．突破性创新及其识别 ［J］．科技管理研究，2002 (5)：22 - 28.

[157] 葛明慧．企业突破性创新与渐进性创新比较研究 ［D］．硕士学位论文：天津商业大学，2008.

[158] 张洪石，卢显文．突破性创新和渐进性创新辨析 ［J］．科技进步与对策，2005 (2)：166 - 168.

[159] 孙永风，李垣．转型经济下中国企业创新选择的实证研究：环境与组织因素 ［J］．管理工程学报，2007，21 (1)：41 - 46.

[160] C. K. Prahalad，Gary Hamel. The Core Competence Of The Corporation ［J］. Harvard Business Review，1990，(5，6).

[161] 施蕾．基于企业竞争战略的技术创新选择研究 ［D］．硕士学位论文：西北大学，2008.

[162] 唐斌阳．基于核心竞争力的企业战略研究 ［D］．博士学位论文：武汉大学，2005.

[163] 北京大学民营经济研究院．思念集团：竞争战略引导创新 ［DB］. http：//mea. pku. edu. cn/ smallclass_detail. asp？bigclassid = 33&smallclassid = 1598.

[164] Hambrick D.，MacMillan I.，Day D.. Strategic attributes and performance in the BCG matrix-a PIMS - Based analysis ofindustrial product businesses ［J］. Academy Of Management Journal，1982，25 (3)：510 - 531.

[165] 查尔斯·奥雷利．公司、文化与承诺：组织中的激励与社会控制 ［C］．组织管理：综合观点选读，1989.

[166] 傅家骥．技术创新学 ［M］．北京：清华大学出版社，1998.

[167] Ettlie J. E.，Bridges W. P.，O'Keefe R. D.. Organization Strategy And Structural Differences For Radical Vs. Incremental Innovation ［J］. Management Science，1984，30 (6)：682 - 695.

［168］Akan O. et al. . Critical Tactics For Implementing Porter's Generic Strategies ［J］. Journal of Business Strategy，2006，27（1）：43 – 53.

［169］赵为民，绕润平. 低成本为王——揭秘纵横全球的盈利模式 ［M］. 北京：世界知识出版社，2008.

［170］陈伟. 创新管理 ［M］. 北京：科学出版社，1995.

［171］Price R. . Technology And Strategic Advantage ［J］. California Management Review，1996，38（3）：38 – 56.

［172］Yamin S. ，Gunasekaran A. ，Mavondof T. . Innovation Index And Its Implicationson Organizational Performance：A Study Of Australian Manufaturing Companies ［J］. International Journal Of Technology Management，1999，17（5）：495 – 503.

［173］Goplalkrishnans S. Unraveling The Links Between Dimensions Of Innovation And Organizational Performance ［J］. The Journal Of High Technology Management Research，2000，1（1）：137 – 153.

［174］Hult M. ，Hurley G. T. ，Knight G. A. . Innovativeness：Its Antecedents And Impact On Business Performance ［J］. Industrial Marketing Management，2004，33（5）：429 – 438.

［175］Mavondo F. T. ，Chimhanzi J. ，Stewart J. . Learning O Rientation And Market Orientation：Relationship With Innovation，Human Resource Practices And Performance ［J］. European Journal Of Marketing，2005，39（11）：1235 – 1263.

［176］Akgun A. E. ，Keskin H. ，Byrne J. C. And Aren S. Emotional And Learning Capability And Their Impact On Productinnovativeness And Firm Performance ［J］. Technovation，2007，27（9）：501 – 513.

［177］于成永，施建军. 外部学习、技术创新与企业绩效：机制和路径 ［J］. 经济管理，2009（1）：117 – 124.

［178］姚雪超，陈德荣. 管理创新对提升企业竞争优势策略研究 ［J］. 中国商情，2010（10）：34 – 36.

［179］姚山季，王永贵，贾鹤. 产品创新与企业绩效关系之 Meta 分析 ［J］. 科研管理，2009，30（7）：57 – 64.

［180］Palmer Roger. Incremental Innovation：A Case Study Analysis ［J］. Journal Of Database Marketing，2002，10（1）：71 – 83.

[181] Nelson R.. Recent Evolutionary Theorizing About Economic Change [J]. Economy Literature, 1995 (33): 48 – 90.

[182] Samson D., Terziovski M.. The Relationship Between Total Quality Management Practices And Operational Performance [J]. Journal Of Operations Management, 1999 (17): 393 – 409.

[183] Jha S., Noori H., Michela J. L.. The Dynamics Of Continuous Improvement: Aligning Organizational Attributes And Activities For Quality And Productivity [J]. International Journal Of Quality Science, 1996, 1 (1): 19 – 47.

[184] Harrington H. J.. Continuous Versus Breakthrough Improvement: Finding The Right Answer [J]. Business Process Reengineering&Management Journal, 1995, 1 (3): 31 – 49.

[185] Adegoke O.. Innovation Types And Innovation Management Practices In Service Companies [J]. International Journal Of Operations&Production Management, 2007, 27 (6): 564 – 587.

[186] Menguc B., Auh S.. The Asymmetric Moderating Role Of Market Orientation On The Ambidexterity Firm Performance Relationship For Prospectors And Defenders [J]. Industrial Marketing Management, 2008, 37 (4): 455 – 470.

[187] Auh S., Menguc B.. Balancing Exploration And Exploitation: The Moderating Role Of Competitive Intensity [J]. Journal Of Business Research, 2005, (58): 1652 – 1661.

[188] 李忆，司有和. 探索式创新、利用式创新与绩效：战略和环境的影响 [J]. 南开管理评论，2008，11 (5): 4 – 12.

[189] 汤浩瀚. 公司创业强度、技术创新战略与企业绩效关系研究 [D]. 博士学位论文：吉林大学，2008.

[190] Dutton J. M., Thomas, A.. Treating Progress Functions As A Managerial Opportunity [J]. Academy Of Management Review, 1984, 9 (2): 235 – 247.

[191] Bums T., Stalker G. M.. The Management Of Innovation [M]. London: Tavistock, 1961.

[192] Hage J. Theories Of Organization: Form, Process And Transformation [M]. New York: John Wiley And Sons, 1980.

[193] 付玉秀，张洪石. 突破性创新：概念界定与比较 [J]. 数量经济技

术经济研究，2004（3）：73－83.

［194］Richard L. Et Al. Radical Innovation：How Mature Companies Can Outsmart Upstarts［M］. Boston：Harvard Business School Press，2000.

［195］Urabe K.. Innovation And The Japanese Management System［M］. Berlin：Walter De Gruyter，1988.

［196］杨智等. 战略导向对企业绩效的影响：以创新为中介变量［J］. 科学性与科学技术管理，2009（7）：115－112.

［197］刘兰剑. 渐进、突破与破坏性技术创新研究述评［J］. 软科学，2010，24（3）：10－13.

［198］Rothwell R.. Successful Industrial Innovation：Critical Factors For The 1990s'［J］. R&D Management，1992，22（3）：221－239.

［199］温忠鳞，张雷，侯杰泰等. 中介效应检验程序及其应用［J］. 心理学报，2004，36（5）：614－620.

［200］邱皓政，林碧芳. 结构方程模型的原理与应用［M］. 北京：中国轻工业出版社，2009.

［201］Han J. K.，Kim N. W.，Srivastava R. K.. Market Orientation And Organizational Performance：Is Innovation A Missing Link？［J］. Journal Of Marketing，1998，62（10）：30－45.

［202］Siguaw J. A.，Simpson P. M.，Enz C. A.. Conceptualizing In Novation Orientation：A Framework For Study And Integration Of Innovation Research［J］. Journal Of Product Innovation Management，2006，23（6）：556－574.

［203］刘石兰. 市场导向、学习导向对组织绩效作用的影响——以产品创新为中介变量［J］. 科学学研究，2007，5（2）：301－305.

［204］Duncan Robert B.. Characteristics Of Perceived Environments And Perceived Environmental Uncertainty［J］. Administrative Science Quarterly，1972（17）：314.

［205］乔治·斯蒂纳. 企业、政府与社会［M］. 北京：华夏出版社，2002.

［206］理查德·达夫特. 管理学［M］. 北京：机械工业出版社，2003.

［207］柳燕. 创业环境、创业战略与创业绩效关系的实证研究［D］. 博士学位论文：吉林大学，2007.

［208］ Venkatraman N. . Strategic Orientation Of Business Enterprises：The Construct，Dimensionality And Measurement ［J］. Management Science，1989，35 （8）：942 – 962.

［209］王益谊，席酉民，毕鹏程. 组织环境的不确定性研究综述 ［J］. 管理工程学报，2005，19（4）：46 – 50.

［210］Dess G. ，Beard D. . Dimensions Of Organizational Task Environments ［J］. Administrative Science Quarterly，1984，29（1）：52 – 73.

［211］Keats B. W. ，Hitt M. . A Causal Model Of Linkages Among Environmental Dimensions，Macro Organizational Characteristics And Performance ［J］. Academy Of Management Journal，1988，31（3）：570 – 598.

［212］Miller D. ，Stale In The Saddle. CEO Tenure And The Match Between Organisation And Environment ［J］. Management Science，1991，37（1）：34 – 52.

［213］张映红. 动态环境对公司创业战略与绩效关系的调节效应研究 ［J］. 中国工业经济，2008（1）：105 – 113.

［214］Miller D. ，Friesen P. . Strategy – Making And Environment：The Third Link ［J］. Strategic Management Journal，1983（4）：221 – 235.

［215］Covin J. G. ，Slevin D. P. . Strategic Management Of Small Firms In Hostile And Begin Environments ［J］. Strategic Management Journal，1989，10（1）：75 – 87.

［216］王重鸣. 心理学研究方法（第 1 版）［M］. 北京：人民教育出版社，1990.

［217］Churehill G. . A Paradigm For Developing Better Measures Of Marketing Construets ［J］. Joumal Of Marketin Gresearch，1979，16（L）：64 – 73.

［218］Dunn S. C. ，Seaker R，F. ，Waller M. A. . Latent Variable In Business Logistics Research：Scale Development And Validation ［J］. Jomal Of Businesslogisties，1994，15（2）：145 – 172.

［219］Gerbing D. W. ，Anderson J. C. . An Updated Paradigm For Scale Development Incorporating Unidimensionality And Itsassessment ［J］. Joumal Of Marketingreseareh，1988，25（2）：186 – 192.

［220］刘雪锋. 网络嵌入性与差异化战略及企业绩效关系研究 ［D］. 博士

学位论文：浙江大学，2007.

［221］Fowler E. J.. Survey Research Methods ［M］. Newbury Park，CA：Sage，1988.

［222］胡保亮. 业务战略支持视角下的企业信息系统战略实证研究 ［D］. 博士学位论文：浙江大学，2007.

［223］Beal Reginald M.，Yasai – Ardekani Masoud.. Performance Implications Of Aligning CEO Functional Experiences With Competitive Strategies ［J］. Journal Of Management，2000，26（4）：733 – 762.

［224］Peter T. Ward，Rebecca Duray. Manufacturing Strategy In Context：Environment，Competitive Strategy And Manufacturing Strategy ［J］. Journal Of Operations Management，2000，18（2）：123 – 138.

［225］Guthrie James P.，Spell Chester S.，Nyamori Robert O.. Correlates And Consequences Of High Involvement Work Practices：The Role Of Competitive Strategy ［J］. International Journal Of Human Resource Management，2002，13（1）：183 – 197.

［226］Yadong Luo，Hongxin Zhao. Corporate Link And Competitive Strategy In Multinational Enterprises：A Perspective From Subsidiaries Seeking Host Market Penetration ［J］. Journal Of International Management，2004，10（1）：77 – 105.

［227］Eva M. Pertusa – Ortega，JosÉ F. Molina – AzorÍN，Enrique Claver – CortÉS. Competitive Strategies And Firm Performance：A Comparative Analysis Of Pure，Hybrid And 'Stuck – In – The – Middle' Strategies In Spanish Firms ［J］. British Journal Of Management，2009，20（4）：508 – 523.

［228］张洪石. 突破性创新动因与组织模式研究 ［D］. 博士学位论文：浙江大学，2005.

［229］Dewar R. D.，Dutton J. E.. The Adoption Of Radical And Incremental Innovations：An Empirical Analysis ［J］. Management Science，1986，32（11）：1422 – 1433.

［230］Gatignon H. et al.. A Structural Approach To Assessing Innovation：Construct Development Of Innovation Locus，Type，And Characteristics ［J］. Management Science，2002（48）：1103 – 1122.

［231］Mohan Subramaniam，Mark A. Youndt. The Influence Of Intellectual Capital On The Types Of Innovative Capabilities ［J］. Academy Of Management Journal，2005，48（3）：450 – 463.

［232］赵文红，李垣. 企业家导向与创新选择：企业能力的中介作用 ［J］. 科学学研究，2008，26（2）：401 – 409.

［233］Atuahene – Gima K. Resolving The Capability – Rigidity Paradox In New Product Innovation ［J］. Journal Of Marketing，2005（69）：61 – 83.

［234］Song MX. Montoya – Weiss MM. Critical Development Activities For Really New Versus Incremental Products ［J］. Journal Of Product Innovation Management，1998，15（2）：124 – 135.

［235］Venkatraman N.，Ramanujam V.. Measuring Of Business Performance In Strategy Research：A Comparison Of Approaches ［J］. Academy Of Management Review，1986（11）：801 – 814.

［236］Murphy G. B.，Trailer J. W.，Hill R. C.. Measuring Performance In Entrepreneurship Research ［J］. Journal Of Business Research，1996，36（1）：15 – 24.

［237］Tan J. J.，Litschert R. J.. Environment Strategy Relationship And Its Performance Implications：An Empirical Study Of The Chinese Elcetronics Industry ［J］. Strategic management journal，1994，15（1）：1 – 20.

［238］李晶. 组织创业气氛及其对创业绩效影响机制研究 ［D］. 博士学位论文：浙江大学，2008.

［239］李怀祖. 管理研究方法论（第二版）［M］. 西安：西安交通大学出版社，2004.

［240］曾庆丰. 企业电子商务转型研究：基于能力的视角 ［D］. 博士学位论文：复旦大学，2005.

［241］马庆国. 管理统计——数据获取、统计原理、SPSS 工具与应用研究 ［M］. 北京：科学出版社，2002.

［242］林嵩，姜彦福. 结构方程模型理论及其在管理研究中的应用 ［J］. 科学学与科学技术管理，2006（2）：38 – 42.

［243］梁占东. 结构方程模型在战略管理研究中的应用 ［J］. 哈尔滨商业大学学报（自然科学版），2005，21（1）：117 – 120.

［244］邱皓政，林碧芳．结构方程模型的原理与应用［M］．北京：中国轻工业出版社，2009．

［245］Arnold H. J. . Moderator Variables：A Classification Of Conceptual，Analytic，And Psychometric Issues［J］. Organizational Behavior And Human Performance，1982（29）：143 – 174．

［246］黄芳铭．结构方程模式：理论与应用［M］．北京：中国税务出版社，2005．

［247］林震岩．多变量分析——SPSS 的操作与应用［M］．北京：北京大学出版社，2007．

［248］Baron R. M. ，Kenny D. A. . The Moderator – Mediator Variable Distinction In Social Psychological Research：Conceptual，Strategic，And Statistical Considerations［J］. Journal Of Personality And Social Psychology，1986，51（6）：1173 – 1182．

［249］黄逸群．创业女性工作家庭平衡及其对绩效影响机制研究［D］．博士学位论文：浙江大学，2007．

［250］Tabachnica B. G. ，Fidell L. S. . Using Multivariate Statistics［M］. Boston，MA：Allyn & Bacon，2007．

［251］侯杰泰等．结构方程模型及其应用［M］．北京：教育科学出版社，2004．

［252］王永贵，邢金刚，李元．战略柔性与竞争绩效：环境动荡性的调节效应［J］．管理科学学报，2004，7（6）：70 – 78．

［253］焦豪，周江华，谢振东．创业导向与组织绩效间关系的实证研究［J］．科学性与科学技术管理，2007（11）：70 – 76．

［254］Urabe K. Innovation And The Japanese Management System［M］. Berlin：Walter De Gruyter，1988．

［255］Nelson R. Recent Evolutionary Theorizing About Economic Change［J］. Economy Literature，1995（33）：48 – 90．

［256］Samson D. ，Terziovski M. The Relationship Between Total Quality Management Practices And Operational Performance［J］. Journal Of Operations Management，1999（17）：393 – 409．

［257］Jha S. ，Noori H. ，Michela J. L. . The Dynamics Of Continuous Improvement：Aligning Organizational Attributes And Activities For Quality And Productivity [J]. International Journal Of Quality Science，1996，1（1）：19 – 47.

[258] 陈小洪，李兆熙，金占明. 联想发展之路：渐进创新 [J]. 管理世界，2000（4）：175 – 204.

[259] 高玉荣，尹柳营. 如何在动态环境下实施低成本领先战略 [J]. 南方经济，2003（9）：49 – 51.

致　谢

　　博士论文即将完成之际，我思绪交织，百感交集，内心充满了无限感激之情。

　　在这里首先感谢的是我的导师陈圻老师。陈老师严谨的治学作风、高深的学术造诣，以及他的热心为人、严谨处事都深深地影响了我，为我树立了榜样！博士论文从选题到撰写过程都得到了陈老师的全程指导和悉心教诲，都凝聚了陈老师的心血。多年来，陈老师高尚的人格魅力、孜孜不倦的进取精神，自始至终鞭策着我努力学习、一丝不苟地进行科学研究，所有这些将使我终身受益！

　　同时，感谢刘思峰老师、周德群老师、江可申老师、党耀国老师、方志耕老师、苗建军老师、谭清美老师、李宗植老师、彭灿老师、胡恩华老师等老师的关心和指导。还要感谢我的同窗邢小军、骆公志、荆象源、白俊红、董峰、张毅等同学，在你们那里我收获了珍贵的友情和无私的关怀。

　　南航校园的一草一木、老师的一言一行、同窗的一颦一笑都萦绕在脑海，铭刻在心中。

　　特别感谢我的爱人李邃，也是我的同班同学，我们共同勉励、相互支持，一起走过艰难的求学道路。感谢默默支持我的爸爸妈妈、我的孩子、我的亲人，谢谢你们！

郑兵云

在学期间的研究成果及发表的学术论文

第一作者名义发表的论文

[1] 郑兵云，陈圻．竞争战略对企业绩效的影响研究 [J]．管理评论（CSSCI，国家自然科学基金委管理类重点期刊）（已录用）．

[2] 郑兵云．竞争战略、创新选择与企业绩效 [J]．科研管理（CSSCI，国家自然科学基金委管理类重点期刊）（已录用）．

[3] 郑兵云，陈圻．竞争战略对绩效影响研究的新视角：一个整合模型 [J]．科技进步与对策（CSSCI），2011（2）．

[4] 郑兵云，陈圻．基本竞争战略与绩效的关系：综述及未来研究方向 [J]．中国科技论坛（CSSCI）（已录用）．

[5] 郑兵云．环境对竞争战略与企业绩效关系的调节效应研究 [J]．中国科技论坛（CSSCI），2011（3）．

[6] 郑兵云，陈圻．转型期中国工业全要素生产率与效率 [J]．数理统计与管理（CSSCI，国家自然科学基金委管理类重点期刊），2010（3）．

[7] 郑兵云．多指标面板数据的聚类分析及其应用 [J]．数理统计与管理（CSSCI，国家自然科学基金委管理类重点期刊），2008（2）．

[8] The Combination Comptetive Strategy and Its Performance：An Empirical Study from China. 2009 International Conference on Information Management，Innovation Management and Industrial Engineering．（EI 收录）

非第一作者名义发表论文

[1] 徐侠，陈圻，郑兵云．高技术产业 R&D 支出的影响因素研究 [J]．科学学研究，2008（2）．

［2］李邃，江可申，郑兵云．高技术产业研发创新效率与全要素生产率增长［J］．科学学与科学技术管理，2010（11）．

［3］李邃，江可申，郑兵云．新兴产业与中国产业结构优化升级有序度研究［J］．科学学与科学技术管理，2010（12）．

附录 调研问卷

竞争战略对企业绩效的
影响机制研究调研问卷

尊敬的女士/先生：

您好！感谢您在百忙之中抽时间回答本问卷。

本问卷旨在调查企业竞争战略选择与实施，及其对绩效影响的相关信息。本问卷不涉及公司名称及填写者信息，答案无对错之分，您的回答仅作学术研究之用，您提供的任何信息都将予以严格保密，不会对您个人和公司造成任何影响。

填答问卷约需 15 分钟，对每一个问题，请根据贵公司的实际情况，选择一个最能反映您观点的选项，并在相应的"□"或数字上打"√"，没有正确或错误答案，我们仅关注您自己的理解。非常感谢您的合作与支持！

如果您愿意为我们提供访谈机会，或者期望获得本课题的研究成果，请您能提供以下联系方式，以便我们将本研究成果反馈给您。

您的电子邮箱/联系电话：_____

第一部分：企业背景信息

1. 您所在公司的性质为：

□国有企业　　　　□外商独资企业　　　□民营企业

□合资或合作企业　□其他（请注明）_____

2. 贵公司的所处产业为：

□食品、饮料　　　□纺织、服装、皮毛　　□木材、家具

□电子　　　　　　□造纸、印刷　　　　　□石油、化学、塑胶、塑料

□医药、生物制品　□金属、非金属　　　　□机械、设备、仪表

□其他制造业（请注明）_____

3. 贵公司成立的年数：

□ 1 年以下   □ 1 ~ 5 年   □ 6 ~ 10 年

□ 11 ~ 15 年   □ 16 ~ 20 年   □ 21 ~ 25 年

□ 25 年或以上

4. 贵公司现有员工数为_____人。

5. 贵公司所在地域为_____省_____市。

6. 您在贵公司的职位是：

□ 高层管理者   □ 中层管理者   □ 基层管理者

□ 一线员工

7. 您在贵公司服务的年限为_____年。

第二部分：企业的竞争战略

根据企业对以下竞争方法的重视程度进行打分，请在相应数字上打"√"	1 表示最不重视，7 表示最重视
1. 重视有竞争力的价格	1 2 3 4 5 6 7
2. 重视对成本的控制	1 2 3 4 5 6 7
3. 重视对制造过程创新	1 2 3 4 5 6 7
4. 重视企业运营效率	1 2 3 4 5 6 7
5. 重视员工训练学习	1 2 3 4 5 6 7
6. 重视低价原材料获取	1 2 3 4 5 6 7
7. 重视改进现有产品	1 2 3 4 5 6 7
8. 重视产品质量控制	1 2 3 4 5 6 7
9. 重视开拓新产品	1 2 3 4 5 6 7
10. 重视高价细分市场的产品	1 2 3 4 5 6 7
11. 重视企业产品品牌	1 2 3 4 5 6 7
12. 重视广告	1 2 3 4 5 6 7
13. 重视提供独特的产品	1 2 3 4 5 6 7
14. 重视研发与自主创新	1 2 3 4 5 6 7
15. 重视营销技术	1 2 3 4 5 6 7
16. 重视分销渠道的控制	1 2 3 4 5 6 7

第三部分：企业的创新行为

根据企业对以下创新行为的重视程度进行打分，请在相应数字上打"√"	1 表示最不重视，7 表示最重视
1. 创造和引入产品的新类型	1　2　3　4　5　6　7
2. 利用已有的技术引入新产品	1　2　3　4　5　6　7
3. 现有工艺流程的改进和创新	1　2　3　4　5　6　7
4. 对已有的技术进行改良，以适应当前需要	1　2　3　4　5　6　7
5. 在企业创新中引入全新理念	1　2　3　4　5　6　7
6. 在企业和市场上引入全新的产品	1　2　3　4　5　6　7
7. 在创新中引入和开发了新的技术	1　2　3　4　5　6　7
8. 创造全新的技术和工艺扩展现有市场	1　2　3　4　5　6　7

第四部分：企业的环境

根据企业的经营环境进行打分，请在相应数字上打"√"	1 表示最小（最慢或程度最低），7 表示最大（最快或程度最高）
1. 企业改变市场营销策略的频率	1　2　3　4　5　6　7
2. 公司产品或服务更新换代的速度	1　2　3　4　5　6　7
3. 竞争对手的行动可预测的程度	1　2　3　4　5　6　7
4. 顾客需求和口味可预测的程度	1　2　3　4　5　6　7
5. 公司产品或服务的技术发展变化的程度	1　2　3　4　5　6　7
6. 公司同时在多个市场提供产品或服务	1　2　3　4　5　6　7
7. 公司所服务的各个市场间有很大差异	1　2　3　4　5　6　7
8. 公司提供多种不同的产品或服务	1　2　3　4　5　6　7
9. 顾客需求越来越多样化	1　2　3　4　5　6　7
10. 竞争行为与方式越来越多样化	1　2　3　4　5　6　7
11. 公司所需的资源获取的难度	1　2　3　4　5　6　7
12. 政府管制的严厉性	1　2　3　4　5　6　7
13. 供应商力量的强大程度	1　2　3　4　5　6　7
14. 价格竞争的激烈程度	1　2　3　4　5　6　7

第五部分：企业的绩效表现

近三年，与同行业平均水平相比，您对贵公司以下绩效指标的满意程度，请在相应数字上打 "√"	1 表示最不满意，7 表示最满意
1. 企业对投资报酬率的满意度	1　2　3　4　5　6　7
2. 企业对销售利润率的满意度	1　2　3　4　5　6　7
3. 企业对成本费用控制的满意度	1　2　3　4　5　6　7
4. 企业对现金流量运营的满意度	1　2　3　4　5　6　7
5. 企业对销售增长率的满意度	1　2　3　4　5　6　7
6. 企业对市场占有率的满意度	1　2　3　4　5　6　7
7. 客户对企业产品的满意度	1　2　3　4　5　6　7
8. 员工对企业和工作的满意度	1　2　3　4　5　6　7